Existe vida antes de morrer?

Existe vida antes de morrer?

Como assumir riscos, enfrentar os medos e encontrar a sua verdade

Flavia Melissa

Copyright © Flavia Melissa, 2024
Copyright © Editora Planeta do Brasil, 2024
Todos os direitos reservados.

Preparação: Ligia Alves
Revisão: Patrizia Zagni e Ana Laura Valério
Projeto gráfico e diagramação: Gisele Baptista de Oliveira
Capa: Fabio Oliveira e Isabella Teixeira

DADOS INTERNACIONAIS DE CATALOGAÇÃO NA PUBLICAÇÃO (CIP)
ANGÉLICA ILACQUA CRB-8/7057

Melissa, Flavia
    Existe vida antes de morrer? : como assumir riscos, enfrentar os medos e encontrar a sua verdade / Flavia Melissa. – 1. ed. – São Paulo : Planeta do Brasil, 2024.
    304 p.

    ISBN: 978-85-422-2749-9

    1. Melissa, Flavia – Narrativas pessoais 2. Desenvolvimento pessoal I. Título

24-2225   CDD 158.1

Índice para catálogo sistemático:
1. Melissa, Flavia – Narrativas pessoais

Ao escolher este livro, você está apoiando o manejo responsável das florestas do mundo

2024
Todos os direitos desta edição reservados à
Editora Planeta do Brasil Ltda.
Rua Bela Cintra, 986, 4º andar – Consolação
São Paulo – SP – 01415-002
www.planetadelivros.com.br
faleconosco@editoraplaneta.com.br

A Osho, mestre iluminado que sempre guia meu coração em momentos de angústia. A Upadhi, mestra amada com quem pude compartilhar a existência por alguns doces anos e quem, de certa forma, me pariu para uma nova existência.

SEJA COMUM, SEJA SIMPLES. NÃO HÁ NECESSIDADE DE SER IMPORTANTE;

A ÚNICA NECESSIDADE É SER REAL. SER IMPORTANTE É VIAGEM DO EGO."

— OSHO

Prefácio, por Alexandre Coimbra Amaral 13

Prólogo 17

1. Pedindo autorização para ser 21
      Defeito de fabricação 24
      Um dia a porrada vem? 26
      O que estamos perdendo? 34

2. Não viva na superfície 39
      O preço do pertencimento 43

3. Insista em se aceitar 53
      Assim que 56
      Siga a energia 60

4. De frente com o medo 65
   A culpa era sempre minha 69

5. Da dor à consciência 79
   Entre o Céu e a Terra 82
   Da criança autêntica ao adulto conformado 87

6. A promessa da semente 91
   O trauma vive no cotidiano 94
   Gente que parte, gente que chega 98
   Encontros e despedidas 102

7. Trabalhe na mente 103
   Penso, logo não me deixam existir 108
   Dias de luta, dias de glória 110
   O dia em que o mundo parou de girar 114

8. Existe vida antes de morrer? 119
   Ensinando o que eu não sabia fazer 123
   Quando o mundo gira ao contrário 128
   O medo de enlouquecer 131

9. O mistério do corpo 135
   O caminho para fora é através 139
   Lutando ou fugindo? 142

10. Eficientes e infelizes **149**
    Fazendo parte das estatísticas **152**
    Xeque-mate **158**

11. Assuma o risco **163**
    Vivendo a primeira vez – de novo **167**
    Vida é fluxo **170**

12. Traga a dor para a luz **173**
    O medo é a raiz **177**
    De ratoeira a labirinto **186**

13. Vivendo sem avidez **189**
    Caminhando por linhas tortas **192**

14. Quem é você? **201**
    Heróis e vilões **206**

15. Voltando à essência **215**
    Perdida na personagem **220**
    Como se eu fosse quem não era **225**

16. A morte é o fim? **227**
    Pode ser que não haja um depois **231**
    A lembrança da finitude **236**

17. Eu sou porque nós somos **239**
    O peso do mundo nas costas **243**

18. O outro não me preenche **247**
    Quem acredita sempre alcança? **250**

19. Paciência e confiança no fluxo **261**
    Todo excesso esconde uma falta **264**
    Não adianta apressar o processo **269**

20. Decida e seja **273**
    O revés nem sempre é uma catástrofe ... **277**
    Um hábito por vez **280**

21. O que comove move **285**
    O bem mais precioso **289**
    Quando ninguém escuta **294**
    Correndo riscos **296**

Epílogo **299**

Prefácio

TUDO O QUE ENVOLVE A INTERNET E SEUS DESDOBRAMENTOS ainda faz parte de um aprendizado cultural muito iniciático. Não podemos perder de vista que, por mais que este mundo nos domine as atenções e as aflições, ainda estamos começando a entender (mal) o que ele tem a nos ofertar de dor e delícia. Em termos históricos, a régua que mede algo "antigo" ou "recente" é deveras diferente das nossas velocidades aceleradas, inclusive as ensinadas pela internet. Há muito, muito pouco tempo, esse fenômeno cultural planetário chegou para transformar nossas vidas. Para podermos amadurecer a compreensão complexa do que a revolução cultural digital nos traz, precisamos pesquisar muito, conversar muito, discutir em igual medida nos espaços privados, trazer o tema para o debate público e, sobretudo, escutar histórias de quem vive o furacão pelo lado de dentro. Este livro é uma viagem pelas vísceras de quem conheceu muito do que estamos tentando compreender.

Flavia é uma mulher visceral em sua definição de comunicação. Ela chegou, desde os primórdios dos canais de YouTube e das figuras de influência nas redes sociais, como uma psicóloga diferente, que rejeita a linguagem rebuscada e que deseja se aproximar de seu público, mostrando uma vontade genuína de falar para ser entendida. Só isso já é uma revolução em si, porque contrasta com a história de uma profissão que tem na linguagem rebuscada um dos principais bloqueadores de comunicação com as pessoas não iniciadas nesse tipo de vocabulário. Flavia chegou convidando um pedaço de nós a se reinventar, e, desde esse momento em que tive os primeiros contatos com o trabalho dela, ela me instigou a ser diferente. Tenho em Flavia um pouco do que consigo ser hoje. Ela me faz acreditar num princípio que deveria ter norteado sempre as práticas mais diversas da psicologia: o desejo de ser um canal libertário de comunicação entre a teoria e o sofrimento humano mais ordinário, de qualquer humano que se aproxime de nós para falar de si.

Uma das maiores virtudes deste livro é sua descrença absoluta na neutralidade. Isso quer dizer que você não lerá nenhuma história maquiada para agradar, tampouco com medo de se assumir. Tudo aqui é muito de verdade, tudo aqui é coerente com quem a autora é fora das páginas. Gosto imensamente de pessoas que habitam o que dizem, e Flavia Melissa é um exemplo desse tipo de escritora, psicóloga, mulher e humana. Eu convido você a ler este livro com o coração aberto para aprender. Eu fiz isso e trouxe para a minha vida muitas reflexões que, como nos ensina Ailton Krenak, devem entrar primeiro no coração e, depois, na mente. Eu desejo que você possa se sentir ao lado dela, porque ela é assim mesmo: amorosa, generosa, de mãos dadas com quem se dispõe a ser falível e humano. E assim, juntos, que possamos viver uma aventura de reconexão com o que há de mais profundo em nosso desejo de simplesmente ser quem somos.

Obrigado a você, que me leu até aqui, e que seja muito bonito o seu encontro com as palavras de Flavia. Obrigado, Flavia, pela alegria que brota em mim ao escrever estas linhas para abrir seu livro. Você mora em meu coração.

Um beijo enorme.

Alexandre Coimbra Amaral
Psicólogo, escritor, podcaster e autor
de *Toda ansiedade merece um abraço*

Prólogo

NO DIA 18 DE FEVEREIRO DE 2017, UMA PEQUENA MULTIDÃO se aglomerou na Livraria Cultura, no prédio do Conjunto Nacional, em plena Avenida Paulista, em São Paulo. Quem passasse pela Alameda Santos, paralela à Paulista, veria uma longa fila de pessoas sair pela entrada do Conjunto Nacional e seguir pela rua, dobrando a esquina. Elas estavam sozinhas ou em pequenos grupos – em comum, traziam um livro debaixo do braço.

O meu.

Aquele era o grande dia. Eu, para variar, estava atrasada e cheguei ao prédio do Conjunto Nacional meio atordoada. Justamente naquele dia uma manifestação pelos direitos LGBTQIAPN+ estava acontecendo no cartão-postal de São Paulo e eu havia demorado três vezes mais tempo para percorrer o caminho entre a casa da minha mãe, em Higienópolis, e o local onde aconteceria o lançamento de meu primeiro livro, *Sua melhor versão: desperte para uma nova consciência*.

Além disso, eu estava arrasada. Havia tido uma briga horrível com minha irmã. Ela tinha acabado de concluir um curso de maquiagem profissional e ficado responsável pela minha "beleza" naquele dia. Mas fazia um calor insuportável, eu começara a suar e a maquiagem estava derretendo antes mesmo de sair de casa.

"Se você não sabia fazer direito, não deveria ter começado!", eu tinha gritado, enquanto trocava de roupa e colocava um look que ficara bem melhor em mim no provador da loja do que naquele momento.

Eu tentava deixar de lado aquela velha e conhecida sensação de que havia ido longe demais enquanto corria para dentro do prédio. Meu editor à época, Felipe Brandão, tinha ido ao meu encontro e me disse: "Está tudo uma loucura lá dentro. Nunca vi a Livraria Cultura desse jeito. Você precisa entrar e ir direto para o auditório!".

Entrei no elevador me abanando e tentando manter Gael, meu filho de um ano e meio, sob controle. Ele queria mamar e minha roupa não possibilitava "sacar" o peito para fora. Eu tentava parecer calma, mas estava com os nervos à flor da pele. Era minha primeira tarde de autógrafos, de meu primeiro livro, no qual havia revelado particularidades da minha alma que nem na terapia tinham vindo à tona.

O elevador parou no segundo andar e eu desci, tentando manter a calma. De repente, uma pequena multidão surgiu diante dos meus olhos e alguém gritou: "Olha ela ali!". Abri um sorriso e caminhei meio que escoltada por pessoas que eu não sabia quem eram, mas que estavam lá para garantir que eu chegasse o mais rápido possível ao auditório, onde faria uma palestra.

Naquela curta caminhada, vi dezenas de rostos conhecidos. Alguns amigos dos meus pais que haviam ido me prestigiar, a convite de minha mãe. Outros, de seguidores que eu já conhecera ao vivo em algum workshop ou retiro. Meu time de trabalho estava ali, assim como alguns amigos muito especiais que eu havia feito durante minha jornada de partilhas online ao longo dos últimos cinco anos. Ver todas essas pessoas conhecidas, ao invés de me confortar, apenas me agitou ainda mais o coração.

Pegando uma amiga pelo braço, puxei-a comigo em direção ao banheiro e pedi ajuda com a maquiagem. Não me lembro de nossa conversa, mas sim de sua voz calma me dizendo que ia dar tudo certo e que eu estava linda.

Respirei fundo, enquanto ouvia o gerente de marketing da Editora Planeta já no palco, microfone em punho, me apresentando aos presentes. Eu sentia o coração pulando dentro do peito, mas, inacreditavelmente, sabia que do lado de fora parecia totalmente calma.

Uma parte minha se sentia um animal acuado caminhando rumo ao abate, mas a outra parte conseguiu colocar os pés um diante do outro e subir no palco, pegar o microfone e sorrir para as quase setenta pessoas que haviam disputado uma cadeira do lado de dentro. Do lado de fora, mais de trezentas pessoas me esperariam para as cinco horas de autógrafos e fotos que se sucederiam até tarde daquela noite.

Eu, no palco, com a maquiagem escorrida remendada e uma roupa que havia me arrependido de escolher para aquela tarde, preocupada com o choro de Gael que eu ouvia ao fundo porque queria mamar e sem conseguir localizar minha irmã na plateia – *será que ela havia ficado tão chateada que não iria ao lançamento?* –, respirei fundo. Sorri, cumprimentei os presentes com alguma piada e esperei que as risadas e os aplausos se encerrassem para começar a falar, como se eu vivesse aquilo todos os dias.

Dentro de mim, a única coisa que eu conseguia pensar era: *eu sou uma farsa.*

{ 1 }

PEDINDO AUTORIZAÇÃO PARA SER

Querido diário,

    Resolvi fazer um diário. Desde pequena eu tinha um, mas era uma avacalhação total: todo mundo lia. Este não. Pretendo contar tudo o que penso e sinto. Não vou ter segredos com você nem vou mostrá-lo para ninguém.
    Preciso achar um esconderijo para você. Que tal debaixo da cama?
    Primeiro, vamos às apresentações: meu nome é Flavia e eu tenho 12 anos. Sabe o que me inspirou a escrever você? Comprei um livro chamado **O diário secreto de Laura Palmer**: a chave que desvendou a trama de Twin Peaks. É o diário de uma garota que foi brutalmente assassinada.
    Já pensou se algum dia você servir para desvendar algo sobre mim?

Defeito de fabricação

Quando eu era pequena, brincava que um dia seria famosa. Eu andaria na rua e as pessoas me reconheceriam. Me pediriam autógrafos – os homens morreriam por mim e as mulheres me invejariam. Eu brincava de dar entrevistas na televisão, imaginava meu entrevistador me fazendo perguntas que me davam a chance de, nas respostas, mostrar o quanto era esperta, engraçada, inteligente.

Eu me deliciava imaginando como me sentiria quando essas coisas acontecessem. Eu me sentiria feliz de ser quem eu era – e, quando olho para trás, percebo que sempre busquei isso: motivos para poder me sentir feliz sendo quem eu sou.

De certa forma, essa busca está presente em todos os seres humanos. Fazemos parte de uma sociedade e de uma civilização profundamente desconectadas de si mesmas, que buscam na validação externa a autorização para poderem se sentir bem.

Os motivos para isso são muitos e vão de uma constituição normal de nosso aparelho psíquico até uma profunda invalidação de nossas emoções quando ainda somos novos e despreparados demais para lidar com a falta de acolhimento de quem realmente somos.

No meu caso, apesar de ser psicóloga e de ter passado mais de metade da vida estudando as emoções, pensamentos e comportamentos humanos, nenhuma teoria me serviu tão bem quanto essa: existe alguma coisa profundamente errada comigo.

Essa percepção sempre esteve presente, desde minha mais tenra infância. Eu não sei bem quando ela começou e também não saberia dizer o que exatamente deu o *start* neste ciclo de crenças, pensamentos, sentimentos e comportamentos que sempre estiveram presentes. Mas a verdade indubitável e indiscutível sempre foi essa: eu tinha nascido estragada, com algum "defeito de fábrica" – e isso me fazia ser muito diferente das outras pessoas.

Eu duvidava, por exemplo, de que minhas amigas da infância pensassem tanto na morte quanto eu. Às vezes, quando a aula estava muito chata ou eu tinha brigado com alguém do prédio, eu passava um tempão imaginando como seria meu enterro. Imaginava as pessoas que estariam presentes, como elas se vestiriam. O que diriam a meu respeito. É claro que você não fala mal de ninguém no enterro dessa pessoa, então eu me deliciava com a sensação de ouvir apenas coisas boas sobre mim. Acho que, no fundo, sempre foi isso que eu quis: que me elogiassem, que falassem bem de mim – que me amassem.

Me escondi muito do mundo em busca desse amor. Fingi muito ser uma pessoa que não era, escondi minhas próprias emoções e opiniões e me calei quando tinha vontade de gritar. Agi, durante muito tempo, como se eu fosse de massinha – sempre me adaptando ao que esperavam de mim, sempre de olhos arregalados para reconhecer do que o outro precisava. Depois de reconhecer, era fácil me colocar em movimento e providenciar. Nada me abastecia mais o coração do que receber sorrisos.

Aos 38 anos, finalmente, havia conquistado isso. Não me tornara famosa do tipo capa de revista, nem tinha sido entrevistada por Jô Soares. Mas naquele dia, na Livraria Cultura, eu me tornei maior do que quem eu me sentia ser.

No entanto, o que quer que seja que aquelas pessoas vissem em mim... *eu não via.*

Um dia a porrada vem?

Eu vivi uma ascensão relâmpago na internet, quando tudo ainda era mato. Não existiam *coaches*. Não existiam *lives*. Não existiam eventos gratuitos, nos quais você se inscrevia achando que estava tendo uma baita oportunidade e, ao final, estava comprando uma coisa da qual nem precisava porque sentia que, de alguma forma, sua vida dependia disso.

Quando o YouTube chegou ao Brasil, em 2007, eu já tinha um blog conhecido, escrevia uma coluna para uma revista digital e tinha sido, algumas vezes, reconhecida na rua.

Eu era uma garota perdida, e como uma garota perdida eu escrevia sobre meus conflitos, sobre meus amores, sobre o que acontecia quando eles acabavam. Eu escrevia sobre sentimentos que eram meus, mas que, com o tempo, descobri serem de outras pessoas também. Eu escrevia sobre as graças e as desgraças de ser uma jovem mulher, branca, de classe média, tentando pertencer a uma sociedade que exigia e que eu sentia dar muito pouco em troca.

Eu escrevia sobre sonhos que, achava eu, se realizariam – era questão de tempo. Mas quando, um dia, acordei sentindo ansiedade no meio da noite e descobri que sofria de um mal chamado codependência emocional, percebi que, se continuasse vivendo a vida como vinha vivendo, dificilmente conseguiria transformar aquelas aspirações em realidade.

Eu era uma garota perdida que um dia descobriu que estava perdida. Resolvi me encontrar e, seguindo os sinais, me mudei para a República Popular da China.

Seria redundância dizer que, de um dia para o outro, comecei a viver uma vida de ponta-cabeça. Foi uma experiência incrível, que me transformou de inúmeras formas, como conto em meu primeiro livro, *Sua melhor versão: desperte para uma nova consciência*.

Mas o que é importante dizer agora é que, na volta da China, quase um ano depois, eu estava no caminho de me encontrar. Foi nessa jornada de busca que comecei a compartilhar meus pensamentos e percepções no YouTube, em 2012. Eu falava de autoconhecimento, de espiritualidade, de meditação e de como se transformar na sua melhor versão. Em pouco tempo, o canal, que era praticamente o único no segmento no Brasil, estourou e eu vi minha vida mudar.

Sempre atribuí o sucesso do canal à sorte. Eu não tinha feito nada demais, era apenas a pessoa certa na hora certa, fazendo algo que ninguém mais estava fazendo. Não via grande mérito nisso. Hoje, vejo que minha autoestima, construída de papel-machê em uma infância caótica e uma adolescência complicada, influenciava de modo gritante a forma como eu enxergava minhas conquistas e vitórias. No fundo no fundo, eu acreditava que aquilo que tinha construído por sorte iria, mais cedo ou mais tarde, escoar por entre os meus dedos quando a maré de sorte passasse e a de azar chegasse.

Eu vivia a minha vida constantemente apreensiva, com o abdome contraído esperando uma porrada. Achei que ela viria quando conheci Ricardo, hoje meu marido e pai de meus dois filhos; ele tinha um tumor no cérebro e teria que fazer uma cirurgia, e vivemos uma grande batalha até isso, finalmente, acontecer. No centro do meu ser, tinha certeza de que ele morreria na mesa de cirurgia e eu ficaria sozinha mais uma vez. Mas isso não aconteceu. Ele foi curado. Eu continuei esperando que desgraças viessem.

Exatos seis meses depois da cirurgia engravidei do meu primeiro filho, Gael. O ano era 2015. A gestação foi muito desejada, mas, no exato momento em que descobri que estava grávida, comecei a lidar com um medo totalmente irracional de sofrer um aborto – seria essa a porrada que um dia viria? Demorei a me permitir sentir alegria pela gravidez. Na minha cabeça havia uma voz que me alertava constantemente dos riscos de perder o bebê. Ela me dizia: "Não vai se animar demais. Vai que não vinga?".

Mais ou menos no meio da gestação, em um ultrassom de rotina, o médico encontrou uma alteração em um dos rins de Gael: apenas o tempo diria o que teria que ser feito a respeito. Apesar de pouco provável, uma cirurgia intraútero não foi completamente descartada.

Foram meses de muita ansiedade e angústia. Mas Gael nasceu saudável, em um lindo parto normal humanizado, no dia 7 de junho de 2015. Parir Gael foi uma das coisas mais difíceis que já fiz na vida, e sua condição renal seria revelada, anos depois, como uma diferença anatômica sem maiores riscos à saúde.

Mas eu continuava esperando a porrada definitiva.

No final da gestação de Gael, eu e Ricardo, agora meu sócio, decidimos criar um produto digital: um portal de assinantes voltado para o autoconhecimento e a espiritualidade, o Portal Despertar. Eu tinha uma audiência enorme na internet, que contava com centenas de milhares de seguidores. Além de conduzir atendimentos como psicóloga no meu consultório, também liderava retiros, cursos e workshops por todo o Brasil.

Ricardo já trabalhava comigo na época, de modo que, se eu parasse, ele pararia junto. Eu não queria voltar a trabalhar quando Gael tivesse apenas três meses, que era o tempo que nossas economias durariam depois que ele nascesse. Assim, pegamos carona na cauda do cometa que começava a sobrevoar o Brasil naquele momento: o fenômeno do marketing digital.

Eu não podia imaginar que durante anos ele seria o meu redentor. Seria também a minha queda, quase uma década depois.

O que você faz quando chove? Quando os trovões parecem ensurdecedores demais para os seus ouvidos? Como você age quando eles aparecem quando tudo pelo que você ansiava era o desfile de nuvens brancas e fofinhas pela passarela eternamente azul do céu?

O que você faz quando as coisas saem completamente do controle? Você se desespera? Reza para um Deus no qual você só acredita que existe na medida da sua necessidade? Amaldiçoa todos à sua volta? Pede ajuda?

Todo rio que chega ao mar só o faz porque aprendeu a contornar os obstáculos. Se uma árvore cai em seu leito, obstruindo a passagem, ele simplesmente busca um caminho mais favorável. Ou se represa, esperando ganhar força para atravessá-la. Seja como for, o rio que chega ao mar em algum momento se transformou em cachoeira. Quem era ele enquanto se lançava no ar, nem rio, nem lago, nem nada conhecido?

Será que o rio sente medo quando simplesmente se entrega ao terreno e se lança no desconhecido?

O Portal Despertar nasceu em março de 2016, e nele eu compartilhava conteúdo exclusivo todas as semanas. Até hoje minha sensação é a de ter tido dois filhos quase ao mesmo tempo: revezando entre dar aulas no Portal e amamentar Gael, vira e mexe eu tinha que interromper uma gravação ou outra tarefa qualquer para dar atenção a ele, que chorava por algum motivo nos braços de Ricardo.

De manhã eu levava Gael à pracinha que ficava perto de nosso apartamento alugado em Higienópolis, ou então ia até o Parque da Água Branca com ele na cadeirinha, no banco de trás do carro.

{ Todo rio que chega ao mar só o faz porque aprendeu a contornar os obstáculos. }

Muitas vezes era emocionante estar empurrando um carrinho de bebê na mesma praça onde anos antes eu caminhava chorando mazelas amorosas.

Na parte da tarde era Ricardo quem assumia Gael enquanto eu me dedicava a criar os conteúdos para o Portal Despertar, gravar vídeos para o YouTube e implementar as estratégias que vinha aprendendo em um grupo de negócios, um mastermind, do qual vinha participando fazia alguns meses.

Nessa época, estar em contato com outros infoprodutores ainda me ajudava, me motivava e me dava inspiração. Era empolgante presenciar os "milagres" que estavam acontecendo: pessoas estavam ganhando dinheiro trabalhando de casa, colocando suas paixões no mundo e reinventando suas vidas. Eu realmente acreditava que, com esforço e trabalhando enquanto os outros dormiam, nos tornaríamos as "máquinas de vencer" alardeadas aos quatro ventos internet afora.

Eu, psicóloga de formação e com especialização em psicologia clínica e hospitalar em um dos principais hospitais públicos do estado de São Paulo, me sentia mais à vontade comunicando às famílias o óbito de um paciente do que vendendo na internet. Nunca recebi nenhum tipo de formação em marketing ou vendas. Mas, diziam meus mentores, era só seguir uma determinada *fórmula* – uma fórmula que me deixava desconfortável, insegura e incomodada do ponto de vista ético. Mas uma fórmula que deu certo, e que começou a funcionar para a gente. Começamos a ganhar muito mais dinheiro do que precisávamos ou éramos capazes de gastar.

Eu me sentia virando gente grande, ao mesmo tempo que buscava empurrar o desconforto causado por alguns dos ingredientes da tal fórmula para debaixo do tapete.

Para quem olhasse de fora, minha vida aos 38 anos era perfeita. Era casada com o homem da minha vida, tinha um filho lindo e, agora, morava em uma casa confortável e espaçosa com uma vista incrível em uma pequena e charmosa cidade, Embu das Artes, para onde nos mudamos quando Gael tinha um ano e meio.

A mudança para o interior foi um ponto muito marcante em nossa história. Eu sentia como se tivesse chegado a um lugar mágico, com seus macaquinhos aparecendo no quintal e muita área verde. O condomínio tinha um lago e frequentemente íamos alimentar os peixes, jogando pedacinhos de pão amanhecido para eles. Gael adorava aquilo. Depois, brincávamos no pequeno playground perto do lago e eu quase sempre me sentia nas nuvens quando olhava ao redor e me dava conta de onde estávamos construindo as memórias dele.

Quase sempre.

Por dentro existia um incômodo. Era como se sempre existisse algo para fazer que eu não estava fazendo. Se estávamos jogando pedacinhos de pão para os peixes, de repente me pegava verificando e-mails ou mensagens no celular. Se estávamos no parquinho, eu tinha que deixar o celular longe de mim – caso contrário, me desconectava do momento e me perdia na agenda do dia, no planejamento das tarefas ou na antecipação de coisas que eu tinha que fazer durante a semana. Esta é a verdade sobre quem trabalha no meio digital: o trabalho nunca acaba.

De repente você está vendo seu filho escalar o brinquedão do playground do seu lindo e perfeito condomínio em meio à natureza e próximo de um lago cheio de peixes... E, no minuto seguinte, percebe que esse é um momento que merece ser eternizado em um post. Tem um grande insight que renderia um podcast. Percebe que, bem ali na sua frente, entre filhos e playgrounds e lagos e peixes, existe um grande ensinamento que você precisa compartilhar com o mundo.

Quando eu percebia, não estava mais ali. Gael me chamava e eu sentia uma culpa gigantesca por me ver impaciente, irritada até, de ser arrancada da minha epifania do momento. *Espera um pouquinho, filho, deixa só a mamãe anotar essa ideia que ela teve antes que ela esqueça, tá bom?*

Por mais que já tivesse bastante consciência sobre meus padrões, sobre minha necessidade de atender às expectativas alheias e de me colocar no papel de salvadora das pessoas, frequentemente me perdia. A vida éramos nós três: Gael, Ricardo e eu. Nenhuma cozinheira, nenhuma babá, quase nenhuma rede de apoio a não ser pela minha sogra, que morava a meia hora de estrada de nós.

Lentamente, a vida foi se tornando pesada.

O que estamos perdendo?

FOMO, uma palavra formada pelas iniciais da expressão em inglês *"Fear of Missing Out"* (em português, "Medo de Perder Algo"), é um modo de descrever a ansiedade ou preocupação que sentimos quando acreditamos que estamos perdendo oportunidades, experiências ou coisas interessantes que outras pessoas estão vivendo. Esse fenômeno é especialmente potencializado pelas redes sociais, onde as pessoas compartilham suas atividades, conquistas e momentos felizes.

Eu sofria de FOMO sem saber. Via meus colegas de mastermind implementando coisas que eu poderia estar implementando também. Eu os via aplicando a fórmula, tendo resultados expressivos, e me sentia sobrecarregada por não estar fazendo o mesmo. Os outros estavam ganhando dinheiro, participando de eventos interessantes, palestrando para centenas de pessoas e eu estava fazendo o quê? Alimentando peixes com pedaços de pão amanhecido.

A culpa crescia e transbordava; era avassaladora. Eu vivia culpada por nunca me sentir completamente realizada: se estava trabalhando, olhava para Gael e sentia culpa por estar perdendo momentos importantes de sua infância. Quando estava com ele, me sentia culpada por não estar trabalhando na intensidade que via as outras pessoas trabalhando. Eu vivia todo o impacto do FOMO em minha saúde mental: me sentia cada vez mais ansiosa, estressada e minha autoestima de papelão estava em frangalhos. Eu acreditava piamente que, quando tivesse determinado sucesso profissional ou ganhasse determinada quantia de dinheiro, conseguiria finalmente relaxar.

Todas as recomendações de profissionais de saúde mental que começavam a falar de FOMO passavam por limitar o tempo nas redes sociais, reduzir os níveis de exposição online, focar o presente, definir prioridades em vez de tentar fazer tudo, celebrar as conquistas e praticar a aceitação. Mais de uma vez me senti desesperada, porque, se fizesse todas essas coisas, meu negócio iria por água abaixo.

Hoje percebo que provavelmente estava deprimida nessa época, mas eu não enxergava isso. Como poderia estar deprimida tendo construído uma vida tão linda, em um lugar que explodia de natureza, com pessoas que amava à minha volta?

Eu estava ganhando dinheiro, era reconhecida profissionalmente e tinha uma família linda. Apenas dois anos antes meu grande problema era um tumor na cabeça do meu namorado – e hoje ele estava curado, nós tínhamos um filho saudável e morávamos em um pequeno oásis de natureza em uma cidade regada a arte e beleza. Quais motivos eu tinha para reclamar?

Eu me esforçava para agradecer. Para enxergar o lado positivo das coisas acima de qualquer outra coisa. Eu tentava me conectar com o lado bom da vida e não olhar tanto para o ruim, mas o alívio que esse comportamento trazia durava cada vez menos tempo. Eu estava plantando sementes, mas não percebia – tinha sido picada pela tal positividade tóxica. Mas ninguém falava sobre isso na época, então como eu poderia saber?

A verdade é que eu olhava para a minha vida e me perguntava: "Até quando vai a maré de sorte? Em qual momento as coisas vão mudar e coisas ruins, realmente ruins, vão começar a acontecer comigo?".

A porrada definitiva: eu continuava esperando por ela.

A despeito de tudo o que se passava em meu interior, eu havia me tornado uma celebridade na internet. Era convidada para eventos, ganhava pilhas de livros de editoras e aluguei uma caixa-postal para dar conta de todos os presentes e mimos que ganhava todas as semanas de seguidores queridos. Uma parte minha se sentia desconfortável com isso, porque eu não sabia quais eram as regras do jogo. E se eu não gostasse do presente? E se o livro que eu havia recebido fosse uma droga? Poderia simplesmente não postar? Algumas pessoas ficaram realmente chateadas comigo nessas situações, mas eu não conseguia ser diferente.

Uma vez recebi uma proposta de uma marca de sucos, supostamente naturais, mas que tinham mais açúcar na fórmula do que um refrigerante. A ideia é que a embalagem do suco estivesse ali, dando sopa no cenário de algum vídeo do YouTube, enquanto eu falasse com a câmera sobre qualquer coisa que quisesse. O vídeo deveria ter no mínimo sete minutos, e eu receberia três mil reais por isso. Eu recusei. Detestava o tal suco e me sentiria ridícula gravando o vídeo com a embalagem de suco ali, como se fosse uma bagunça no cenário. Eu me perguntava que tipo de pessoa se propunha a isso.

Ter alcançado certa visibilidade na vida profissional me trouxe muitas coisas boas, como a oportunidade de ser verdadeiramente ouvida em minhas verdades e anseios. Era muito bom saber que do outro lado da tela existia uma legião de pessoas que sentiam carinho e torciam de verdade por mim. Pessoas que se importavam com o que eu vivia e com o que acontecia em nossas vidas.

Por outro lado, eu não conseguia mais fugir da decepção que sentia com o marketing digital. Com o crescente uso das estratégias por trás desse tipo de atividade, os resultados alcançados apenas um ano ou um ano e meio antes não eram mais os mesmos. As pessoas já começavam a perceber que, ao serem convidadas para participar de um evento *online e gratuito*, receberiam a oferta de algum produto milagroso e caro no final.

Sempre questionei, internamente, a ética envolvida no uso dos tais gatilhos mentais que meus colegas do grupo de negócios corriqueiramente faziam. Eu não me sentia confortável causando desconforto nas pessoas, influenciando-as a sentir urgência ou medo da escassez. Quando eu levantava essas questões em discussões, frequentemente ouvia a frase de que eu estaria *deixando dinheiro na mesa* e que deveria trabalhar minhas *crenças limitantes*. Por que não me achava merecedora de abundância? Que tipo de crenças negativas eu carregava sobre mim mesma que perpetuava o ciclo da escassez na minha vida?

Eu tentava dançar conforme a música. Afinal, essa era a história da minha vida: me sentir desconfortável com o meio no qual estava inserida e tentar me adequar e me adaptar a todo custo. Mesmo que isso me rendesse comentários nas redes sociais de que eu "estava me deixando levar por essa onda de gurus da internet". Eu sentia uma fisgada no coração quando as pessoas me reprovavam ou julgavam, mas reproduzia o mesmo discurso que havia ouvido muitas vezes, repetindo as expressões "crenças limitantes", "abundância e escassez" e "resistências" com mais frequência do que me sentia confortável em fazê-lo.

Nessa época eu era convidada para palestrar em muitos eventos. Não raramente me via falando para plateias de duzentas ou trezentas pessoas. Por fora eu parecia absolutamente tranquila e segura, mas ninguém que estivesse na plateia sonharia com as 24 ou 48 horas que antecediam o evento: a busca pelo look perfeito, uma vez que a gestação e o pós-parto haviam me devolvido uma supernoia com relação ao corpo; o "esquema de guerra" perfeito, já que Gael ainda mamava e não suportava ficar muito tempo longe de mim.

No entanto, quando eu estava no palco, algo acontecia e eu me sentia totalmente em casa. Por mais que ouvisse Gael chorando ao fundo, por mais que a roupa escolhida apertasse, por mais que eu soubesse que ali, na primeira fila, estava sentada uma pessoa que era simpática comigo em público, mas me desprezava nos bastidores. Eu gostava de palestrar e encarava o que acontecia no *background* como o preço a ser pago para fazer algo que gostava muito de fazer.

Nesses momentos por detrás dos palcos, coisas muito bizarras aconteciam. Por exemplo, quando um guru do marketing digital surrupiou uma cartinha que eu ganhei de presente de uma seguidora bem na minha frente. Minutos antes ele tinha apertado minha mão, me dado dois beijinhos e me reconhecido como a "youtuber", como muita gente me chamava na época.

Ser a "youtuber" significava que eu estava "deixando dinheiro na mesa", dando conteúdo de graça sem ganhar um centavo em troca, em uma época em que os vídeos do YouTube ainda não eram monetizados.

Todos os palestrantes foram presenteados com uma sacolinha de chocolates artesanais. A moça que fazia os chocolates teve o cuidado de escrever à mão uma cartinha para cada palestrante. A minha cartinha era linda e repousava docemente, presa à sacolinha fofa, sobre a mesinha de centro do camarim. Vi com meus próprios olhos quando ele simplesmente pegou a cartinha, que trazia o meu nome bem visível, e a enfiou no bolso, virou as costas e foi embora.

Até hoje tenho dificuldade de entender o que aconteceu. Ainda penso nisso e em como era simplesmente impossível que ele não tivesse visto meu nome ali. Mas fiquei tão sem reação que não fiz nada, me sentindo inadequada por questionar o comportamento de uma pessoa tão potente.

Mais uma vez, minhas "crenças limitantes" pareciam ter me paralisado.

{ 2 }

NÃO VIVA NA SUPERFÍCIE

Hoje o dia na escola foi esquisito.

Minhas amigas estavam estranhas comigo, e eu perguntei se tinha acontecido alguma coisa de errado ou se tinha feito algo que as chateou. Elas disseram que não, mas não acreditei.

Eu nunca acredito. Então, na hora do lanche, demorei um pouco mais para sair da sala e, quando vi, estava sozinha. Olhei para a mochila da L., e vi que o diário dela estava ali. Eu sei que não deveria fazer isso, mas fiz. Quando vi, estava agachada atrás da última carteira da sala, lendo seu diário.

Diário, por que eu sou assim? Me sinto uma pessoa má. Boas pessoas não leem o diário de suas amigas, mas eu li. Boas pessoas não guardam na memória o que outras pessoas escrevem em seus diários, mas eu guardei. E boas pessoas não escrevem cartas para a dona do diário, desabafando sobre sentimentos que não sentem, mas que a dona do diário sente, como se fossem seus, apenas para tentar chamar a atenção e serem mais importantes do que sentem ser.

Mas foi exatamente isso o que eu fiz.

E, como não sou uma boa pessoa, recebi exatamente o que eu mereço: nada. L. simplesmente me respondeu com outra cartinha, dizendo que eu não deveria me sentir como eu me sinto.

Diário, por que ela mentiu para mim? Por que não disse que sentia a mesma coisa?

Às vezes, penso que estou ficando louca. Sempre me sinto como se não fosse boa, como se fizesse coisas ruins que magoam as pessoas, e depois sinto que preciso correr atrás delas para me aturarem.

    Por que eu desconfio dos meus amigos quando eles me dizem que sou legal? Falta de confiança? Algum trauma de infância? Ou será que estão todos mentindo, o tempo todo, como L. mentiu?

    Não confiar em ninguém: preciso me lembrar dessa lição. O mundo é um lugar perigoso, diário. E eu preciso aprender a sobreviver neste mundo.

O preço do pertencimento

Esse trecho do meu diário, escrito quando eu tinha 13 anos, descreve um inimigo invisível que a maioria de nós enfrenta: nossa mente.

Eu acreditava 100% no que minha mente me dizia. Hoje, consciente de quão ferida minha criança interna é, compreendo que aquelas espirais de pensamentos que se retroalimentavam tinham um único direcionamento: agradar as pessoas. Esse foi um vício que persistiu por toda a minha vida adulta.

As raízes desse comportamento estavam na dinâmica caótica que dominou minha vida familiar até meus 18 anos, quando meus pais se separaram. Eu percebia meus pais tão pouco disponíveis emocionalmente, sempre envolvidos em seus próprios processos e problemas, que me acostumei a agradá-los para chamar a atenção. Mas esse mecanismo nem sempre funcionava, dentro de casa ou fora, e, sempre que uma pessoa se mostrava mais preocupada com os próprios problemas do que comigo, eu era invadida pelo sentimento de abandono e rejeição. Eu, então, me julgava: não tinha sido suficientemente boa em agradar ao outro, tinha sido inadequada e torta. Não percebia que estava fazendo comigo a mesmíssima coisa que sentia as pessoas fazendo – eu me rejeitava, me julgava e criticava o tempo todo, como se houvesse algo de profundamente errado comigo.

Essa sensação, de certa forma, permanece comigo até hoje. Como estratégia para sobreviver emocionalmente em um meio estéril, eu fazia de tudo para chamar a atenção das pessoas – mesmo que, para isso, precisasse ferir a privacidade de uma de minhas melhores amigas, me apropriando de seus sentimentos e percepções que eu tinha descoberto ao ler seu diário, apenas para que ela se identificasse comigo e me amasse um pouco mais.

Acabei repetindo essa estratégia no início de minha trajetória online. Eu me preocupava demais em dizer as coisas certas, exatamente o que sentia que as pessoas esperavam que eu dissesse. Me afastei tanto da minha própria verdade que, um dia, não sabia mais qual era ela. Fiz vista grossa para muitas coisas que eu considerava erradas. Passei pano para muita gente que agia de forma questionável. Da mesma forma que sempre quis pertencer ao grupo de amigas na adolescência, pagava os preços para me sentir fazendo parte dos grupos de negócios, dos palestrantes e dos gurus do marketing digital.

Mas coisas muito feias aconteciam – e, quando elas aconteciam, eu voltava a questionar o meu valor. Se uma pessoa tentava me sacanear, eu não colocava sua moral em dúvida: questionava a minha conduta e o que eu poderia ter feito e não fiz para que gostasse de mim e fosse legal comigo.

Em determinada ocasião, fiquei sabendo, totalmente por acaso, que um "amigo" do nicho da espiritualidade havia tentado comprar um domínio com o nome de um de meus principais produtos digitais. Semanas antes eu tinha postado uma foto de nós dois juntos, em um dos grupos de negócios do qual participava. Agora, ficava sabendo que ele tinha agido nos bastidores para me prejudicar: quando eu tentasse registrar a marca, meses depois, teria que comprar o domínio dele, por um preço obviamente superfaturado. Foi uma grande decepção, mas lá no fundo da minha alma eu me perguntava o que tinha feito para merecer isso.

Eu já lidava com aquilo que seria um verdadeiro fenômeno nos próximos anos: o incrível mundo das pessoas que não sabem como viver suas próprias vidas e que resolvem ganhar dinheiro ensinando pessoas a viverem suas próprias vidas. A internet era um grande oceano, e as estratégias do marketing digital eram navios de grande porte, muito bem equipados, avançando sobre os mares em uma verdadeira pesca predatória.

{ Me afastei tanto da minha própria verdade que, um dia, não sabia mais qual era ela. }

Em um dos grupos de negócios, conheci uma proprietária de lojas físicas que ensinava outras proprietárias de lojas físicas a viverem uma vida mais leve e com menos estresse. Nos bastidores, ela articulava a venda de sua rede de lojas porque administrá-las havia se tornado um fardo. Ela pretendia focar apenas suas "atividades de ensino" dali em diante. Essas coisas me davam vontade de vomitar.

A verdade é que, dentro de mim, crescia um descontentamento muito grande com essa indústria. Depois de alguns anos, eu já tinha visto de tudo. Plágio e roubalheira de conteúdo eram o mínimo. Cansava de ver textos meus sendo compartilhados em outras páginas e sites sem o devido crédito.

Uma vez fiquei sabendo que uma pessoa tinha promovido um evento usando meu nome na divulgação, como se eu fosse uma das palestrantes. Quando chegou o dia do evento e as pessoas questionaram a minha ausência, ela simplesmente justificou dizendo que alguns palestrantes haviam cancelado a participação em cima da hora. Eu nunca recebi sequer um convite para estar lá.

Apesar da decepção que eu experimentava, focava em fazer o que era certo, acreditando que o que se dava era o que se recebia: quando você faz a sua parte, a vida faz a parte dela. Mesmo que isso representasse me sentir mal a meu próprio respeito a maior parte do tempo. Mesmo que, para isso, eu perdesse noites e mais noites de sono, com medo de não ser capaz de pagar os salários dos meus colaboradores. Mesmo que, para isso, tivesse que enlouquecer aos poucos.

"Aja corretamente. Corrija os erros dos outros em você. Faça o bem, não importa a quem", eu repetia debilmente, da mesma forma que repetia as baleias a respeito de crenças limitantes, merecimento, abundância e escassez.

Eu tinha sido picada pelo mosquitinho da positividade tóxica, quando ainda nem sabíamos que ela existia.

> "AS IDEIAS NEGATIVAS DE SUA MENTE DEVEM SER LIBERADAS; ELAS NÃO DEVEM SER REPRIMIDAS POR IDEIAS POSITIVAS. VOCÊ PRECISA CRIAR UMA CONSCIÊNCIA QUE NÃO SEJA POSITIVA NEM NEGATIVA. ISSO SERÁ PURA CONSCIÊNCIA. NESSA CONSCIÊNCIA PURA, VOCÊ VIVERÁ A MAIS NATURAL E ALEGRE DAS EXISTÊNCIAS. SE VOCÊ REPRIME QUALQUER IDEIA NEGATIVA PORQUE FAZ VOCÊ SE SENTIR MAL, POR EXEMPLO, SE ESTÁ COM RAIVA E REPRIME SUA RAIVA, ESFORÇANDO-SE PARA TRANSFORMAR ESSA ENERGIA EM ALGO POSITIVO, COMO TENTAR SE SENTIR AMANDO A PESSOA COM QUEM ESTAVA ZANGADO OU SENTIR COMPAIXÃO POR ELA, VOCÊ SABE MUITO BEM QUE ESTÁ SE ENGANANDO. EM UM NÍVEL MUITO PROFUNDO, A RAIVA PERMANECE ASSIM: VOCÊ ESTÁ SIMPLESMENTE DANDO UMA DEMÃO DE BRANCO PARA COBRI-LA. NA SUPERFÍCIE VOCÊ PODE SORRIR, MAS SEU SORRISO SERÁ LIMITADO AOS SEUS LÁBIOS. SERÁ UMA GINÁSTICA DOS LÁBIOS: VOCÊ NÃO ESTARÁ CONECTADO COM VOCÊ, COM SEU CORAÇÃO, COM SEU SER. ENTRE O SEU SORRISO E O SEU CORAÇÃO, VOCÊ ESTÁ COLOCANDO UMA BARREIRA: A EMOÇÃO NEGATIVA QUE VOCÊ REPRIMIU."[1]
>
> OSHO

---

[1] OSHO. *The transmission of the lamp*: Talks in Uruguay. Tradução livre. Rebel Pub. House, 1986.

O que é fundamental para você?

Durante muito tempo eu não soube responder a essa pergunta. Eu via que as coisas estavam acontecendo e os negócios dando certo, mesmo que aos trancos e barrancos. Gael crescia feliz e saudável. Mas eu sentia constantemente um desconforto se avolumando dentro de mim, como se ouvisse o Gato de Alice no País das Maravilhas sussurrar em meu ouvido: "Para quem não sabe para onde está indo, qualquer caminho serve".

Eu queria ter um segundo filho.

Queria dar um irmão a Gael e vivenciar a experiência do amor que não se divide, e sim se multiplica. Queria proporcionar a meu filho a mesma coisa que eu tive: uma irmã que entendesse, mais do que ninguém, o lugar de onde eu tinha vindo e o que eu tinha vivido.

E queria ter um segundo filho porque morria de medo de que, se Gael morresse, eu deixasse de ser mãe.

Eu me preocupava muito com a saúde de Gael. Seu rim esquerdo, maior do que o direito, ainda trazia a suspeita da má-formação que, um dia, talvez precisasse de uma cirurgia de reconstrução. Levaria alguns anos até descobrirmos que não havia nada de errado com seu rim, e até isso acontecer tínhamos que o submeter anualmente a exames complexos, que exigiam contrastes e sua imobilização dentro do aparelho que realizava o exame. Era um pesadelo, eu pirava com os riscos do exame e morria de medo de descobrir algo grave.

Assim como tinha medo de que o tumor na cabeça de Ricardo voltasse. Também uma vez por ano ele precisava se submeter a uma batelada de exames para controle de sua situação neurológica. Todos os exames indicavam que ele estava em remissão, mas eu simplesmente não conseguia dormir nas noites que antecediam os procedimentos e consultas.

{ O que é fundamental para você? }

Na verdade, eu quase sempre dormia mal. Acordar no meio da noite para ir ao banheiro e não conseguir mais pregar os olhos tinha se transformado em rotina. Às vezes eu desistia de tentar dormir e ia para a sala ler um livro. Em momento algum encarei minhas dificuldades com o sono como um forte indício de depressão. Hoje, vejo que deveria tê-lo feito.

Eu sentia que precisava de algo, mas não sabia o que era. Talvez se eu meditasse ou me exercitasse, como fazia antes de Gael nascer, eu descobrisse. Se voltasse a tomar suco verde e comer alimentos crus todos os dias. Mas eu não conseguia simplesmente retomar a rotina de exercícios para o corpo e para a mente que tinha antes de Gael chegar. Hoje entendo que isso nunca teria sido possível, pois eu não era mais a mesma de antes. Nunca voltaria a ser.

Aos olhos dos outros eu brilhava. Tinha a família perfeita na casa perfeita, tendo as férias perfeitas na Disney e o trabalho perfeito. Os caminhos estavam me servindo, e, por servirem, era difícil perceber que eu estava me aproximando rapidamente de um ponto em que as coisas simplesmente não se sustentariam mais. Eu passava a maior parte do tempo tentando me convencer de que estava tudo bem, mas a verdade é que não estava. Eu vivia sob constante pressão.

Esperando pela porrada. A porrada definitiva.

No trabalho, por mais que as coisas fluíssem, fluíam a muito custo. Eu gastava uma quantidade imensa de energia para fazer coisas que, antes, não eram tão trabalhosas assim. Gravar vídeos, por exemplo, o que sempre havia sido uma canalização da minha espontaneidade, havia se transformado em um fardo – não sentia mais tanta vontade de fazer isso.

Me sentia feia a maior parte do tempo. Estava acima do peso, mais uma vez, e perdia muito tempo escolhendo o ângulo certo ou a luz certa para disfarçar aquilo que eu não queria que fosse submetido a julgamento externo. De repente, a mensageira havia se tornado mais importante do que a mensagem.

No entanto, precisava estar lá. Compartilhar, antes um anseio da minha alma, havia se tornado uma profissão. As pessoas esperavam pelos meus vídeos, e meu trabalho dependia disso. Foi uma época muito difícil e bastante nociva à minha saúde mental.

Eu tinha me distanciado um pouco dos grupos de negócios. Não me sentia mais tão animada para viajar nem dar palestras para centenas de pessoas. Eu sentia necessidade de tornar minha vida mais leve, mas ainda me via muito pressionada a seguir estratégias e alcançar metas. Certa vez comprei um curso de três mil dólares sobre o qual todo mundo estava comentando.

Todos os maiores *players* do mercado estavam se utilizando da estratégia ensinada pelo curso e alcançando resultados incríveis que eu também queria obter. Nunca consegui concluir o curso nem alcançar os resultados prometidos, mas, em vez de questionar as fórmulas que se sucediam no céu estrelado de quem supostamente vivia de suas paixões, questionava a mim mesma e às minhas próprias paixões.

Eu tinha que fazer mais. Estudar mais. Realizar mais. Ganhar mais dinheiro.

Eu me comparava demais. Me referenciava por valores que não eram os meus. Via pessoas "menores" do que eu em termos de seguidores alavancarem seus perfis e alcançarem a marca de milhão. Me via ficando para trás, e os motivos de não obter os mesmos resultados eram sempre culpa minha. Eu era preguiçosa; não me dedicava. Eu, de certa forma, merecia viver aquilo que começava a viver: o fenômeno dos *haters*.

Coisas bizarras aconteceram comigo. Coisas que nunca imaginei viver, muito menos falar sobre elas. Mas eu sinto que é importante fazer isso, por mim e por todas as pessoas que estragam suas vidas comparando as próprias trajetórias às de outras pessoas.

A vida não é perfeita como vemos nas fotos, não importa o quanto alguma fórmula o faça acreditar nisso.

Eu estava na internet havia muitos anos, mas não conseguia me acostumar com os comentários negativos das pessoas que assistiam aos meus vídeos. Conscientemente eu sabia que o que elas diziam tinha mais a ver com elas do que comigo, mas ainda assim me ressentia muito.

Sempre que alguém me criticava, discordava de mim ou simplesmente trazia outro ponto à discussão, eu começava a me sentir ansiosa. Não conseguia desligar, tinha altas discussões com a pessoa dentro da minha cabeça e checava de dois em dois minutos se tinha rolado alguma tréplica depois de uma resposta minha. Eu me sentia profundamente incompreendida e, às vezes, minha vontade era simplesmente desaparecer da internet – mas eu simplesmente *não podia*. Eu tinha que estar ali, criando conteúdo, gerando engajamento, alcançando mais pessoas. Minha vida inteira dependia disso.

#keepwalking era a hashtag que eu mais usava nas redes sociais. *"Keep walking"* – *continue caminhando* –, eu repetia para mim mesma. Até que um dia a vida me pediu para parar.

{ 3 }

INSISTA EM
SE ACEITAR

Eu me sinto presa no pensamento de que não dá para interferir no destino.

Cada pessoa já nasce com sua linha traçada. Algumas vezes ela parece ter sido remendada de última hora, mas nunca é. Já estava ali. Era para ser. Me sinto presa a um futuro no qual não posso interferir.

Um rato, numa ratoeira.

Esses dias sonhei que eu era um rato correndo em um labirinto. Quando encontrava um caminho, as paredes do labirinto mudavam de lugar e eu voltava à estaca zero. Eu percebia que estava sendo observada. Alguém me olhava lá de cima, do lado de fora do labirinto. Eu me sentia presa, observada; o que eu fazia nunca era bom o suficiente.

Esses dias minha mãe arrumou as malas, disse que ia embora. Ela e meu pai brigaram por causa de alguma coisa que minha mãe tinha dito sobre meus avós. Eu e minha irmã conseguimos convencê-la a ficar.

Mas a sensação de ser um rato preso em um labirinto é muito forte e não vai embora. Como se o labirinto não fosse um labirinto, e sim uma ratoeira.

Alguém me observa de lá de cima. Será Deus?

Um rato, numa ratoeira.

Quem é o rato e quem é a ratoeira?

Assim que

Em 2017 me lancei em um projeto ambicioso: roteirizar e produzir um documentário que abordasse o processo de autoconhecimento de forma sutil e poética, discutindo os desafios que nos unem enquanto seres humanos e que nos conectam com a experiência de estarmos vivos. *AEXPERIÊNCIA*. Tudo junto, com letra maiúscula, foi o nome do projeto. E foi, de fato, uma experiência e tanto.

Não apenas por ter sido uma oportunidade de dar vazão à minha criatividade artística, mas também porque representou o início de um processo de *burnout*, que se transformaria em depressão perinatal e um transtorno de ansiedade generalizada, apenas alguns anos depois.

A cineasta envolvida no projeto era uma pessoa muito bacana, mas não soube avaliar corretamente sua força de trabalho. No fim do processo, seu computador rodava aos trancos e barrancos, o HD externo parou de funcionar e perdemos cerca de 60% das filmagens que haviam sido feitas. Fomos obrigadas a regravar vários trechos imprescindíveis para o documentário e eu passei uma madrugada em claro, gravando no frio, enquanto ouvia Gael chorando no andar de cima da casa. "Assim que eu terminar aqui, meu amor", me lembro de dizer.

Assim que. Eu tinha começado a me incomodar com a quantidade de vezes que começava as frases com essas palavras. "Assim que eu terminar o trabalho", "assim que o dinheiro entrar", "assim que eu voltar ao meu corpo de antes da gravidez". Eu me sentia constantemente repetindo o padrão de buscar algo do lado de fora que acalmasse a angústia que experimentava do lado de dentro.

Eu tentava viver uma vida regrada e saudável. Acordar cedo, me alimentar bem, ter horários para começar e para terminar o trabalho.

Tentava buscar ou levar Gael à escola todos os dias. Tentava ser melhor. E tentava, mais do que qualquer outra coisa, não sentir o que eu sentia.

Tente não pensar em um elefante azul de saia de bolinhas coloridas segurando uma melancia na beira de uma piscina – você nunca vai conseguir.

Nossos problemas são difíceis apenas porque não temos os recursos necessários para lidar com eles. Nossos problemas nos falam sobre nossas capacidades e habilidades, não sobre o nosso valor pessoal. No entanto, quando estamos sofrendo, nos deixamos levar pelas vozes que nos gritam dentro do ouvido mentiras difíceis de serem ignoradas.

Nossos problemas são oportunidades. Só se transformam em problemas quando acreditamos no que nossas mentes nos dizem sobre o que está acontecendo.

Elas dizem sempre as mesmas coisas, cinco mentiras que você, assim como eu, já está acostumado a acreditar a seu próprio respeito:

1. **Não somos bons o suficiente.** Deveríamos ser melhores, maiores, diferentes. Deveríamos ter aprendido isso ou aquilo. Não deveríamos mais ser de tal jeito. Já deveríamos ter superado tal coisa. Nossos sentimentos, pensamentos e comportamentos são inadequados – nós somos inadequados. E não deveríamos ser.

2. **Temos que fazer coisas para sermos amados.** Não é possível ser valorizado, apreciado e reconhecido pelo que já somos, assim sem fazer esforço. Sempre existe algo que precisa ser consertado, arrumado, aperfeiçoado: dentro da gente, principalmente.

3. **As coisas precisam fazer sentido.** Precisamos ser capazes de entender tudo dentro de nossas cabeças, como se a vida

coubesse em uma planilha de Excel. Se algo não é lógico nem racional, se as peças não se encaixam ou se não conseguimos encontrar uma solução mental para nossos problemas, tudo vai sair do eixo e as coisas não vão funcionar.

4. **Nossos medos são maiores do que a gente.** Não vamos conseguir dar conta, o sofrimento é demais. Se a coisa X ou Y acontecer, não vai ser possível. Não vamos aguentar, a dor será grande demais para ser suportada ou administrada dentro de nós.

5. **Se não for do nosso jeito, não vai dar certo.** Tudo tem que acontecer do jeito que nossas mentes dizem que deve acontecer. Quando acreditamos nisso, nos tornamos controladores e manipuladores.

A maioria de nós acredita nessas cinco mentiras – eu mesma sempre acreditei. Nunca cogitei questionar se essas vozes estavam certas ou não, de onde elas vinham e, o principal: se elas falavam também na cabeça de outras pessoas.

Sempre foi curiosamente mais fácil acreditar que, o que quer que existisse de errado comigo, só eu era assim. Foi apenas muitos anos depois que vim a descobrir que essas vozes, que tanto gritavam na minha mente, também gritavam na mente das outras pessoas.

Ter me dado conta disso me tirou um fardo pesadíssimo das costas. Mas eu ainda levaria muitos anos até chegar a isso.

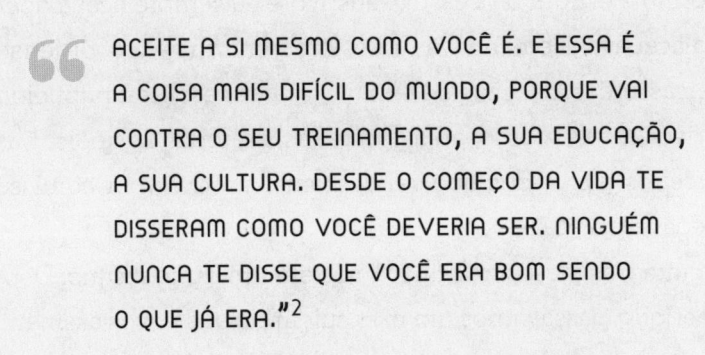

"ACEITE A SI MESMO COMO VOCÊ É. E ESSA É A COISA MAIS DIFÍCIL DO MUNDO, PORQUE VAI CONTRA O SEU TREINAMENTO, A SUA EDUCAÇÃO, A SUA CULTURA. DESDE O COMEÇO DA VIDA TE DISSERAM COMO VOCÊ DEVERIA SER. NINGUÉM NUNCA TE DISSE QUE VOCÊ ERA BOM SENDO O QUE JÁ ERA."[2]

OSHO

---

[2] Trecho de uma fala de Osho no Buddha Hall, Shree Rajneesh Ashram, Puna (Accept yourself as you are, and accept totally). *Come Follow To You*, Vol. 3, Cap. 2, 1975. Tradução livre.

Siga a energia

A energia por trás do documentário *A EXPERIÊNCIA* tinha um propósito claro: mais uma grande reabertura de vagas para o Portal Despertar. Na época, o Portal tinha sempre as portas fechadas para novos assinantes e, algumas vezes por anos, gerávamos picos de vendas por meio de lançamentos. Esses lançamentos eram processos complexos que eu e minha enxuta equipe fazíamos acontecer tirando leite de pedra.

A fórmula era um processo exaustivo, e eu sempre ficava doente quando acabava. Demandava um esforço enorme e a coordenação de diversas ações: dezenas de e-mails a serem escritos, publicidade a ser criada, *lives*, vídeos, aulas gratuitas, material de apoio, busca por parceiros e afiliados que vendessem o produto por comissões que chegavam a 50%.

Durante três meses trabalhávamos em um ritmo insano. Depois desse período, passávamos um mês cuidando dos novos assinantes, para começar tudo de novo em seguida. E, depois, tudo de novo. E de novo. E de novo.

Vivi muitos anos nesse ritmo, mas naquele ano, em 2017, estava especialmente cansada. Eu queria engravidar, mas mal tinha tempo de olhar na cara do Ricardo, quanto mais fazer um filho. Meus problemas com a imagem corporal tinham voltado com força total após o nascimento de Gael e eu não me sentia muito confiante nem sexy. Nossa vida sexual esfriou e eu me culpava muito por não ter a mesma libido que tinha alguns anos antes.

Transei várias vezes sem sentir vontade; fingi orgasmos para que acabasse logo. Nem passava pela minha cabeça dizer a ele como me sentia, pois no fundo da minha mente aquela vozinha continuava me dizendo: "O que há de errado com você?".

Às vésperas daquele lançamento, não tinha certeza se as coisas dariam certo. Os vídeos produzidos pela cineasta estavam ficando prontos minutos antes de irem ao ar. O último episódio do documentário, o mais importante de todos do ponto de vista comercial, atrasou seis horas e foi ao ar sem passar por uma única revisão. Mesmo com toda a confusão, porém, tivemos um resultado positivo, acima do esperado, o que só me confirmou que o problema era *comigo*. Eu estava vendo pelo em ovo, problemas onde não existiam.

Justo eu, que tanto falava em gratidão, me sentia a pessoa mais ingrata do mundo. Eu não tinha motivo nenhum para reclamar da vida. Tinha um marido que, apesar dos pesares e da relação que tinha se tornado morna, eu amava tanto quanto havia amado desde o primeiro momento. Tinha um filho lindo, saudável e feliz que encantava a todos por onde passasse. Tinha amigos especiais, que me apoiavam e me davam carinho. Tinha uma família bacana e um trabalho bem-sucedido. Eu não conseguia entender por que sentia constantemente aquele desconforto.

A semana de lançamento, quando estávamos com as portas abertas e em pleno processo de vendas, coincidiu com a chegada de Upadhi ao Brasil. Minha mestra italiana, discípula de Osho e que havia me iniciado no estudo dos corpos sutis por meio de sua técnica de cura energética, o OPH®, estava no Brasil para mais um ciclo de atendimentos, palestras e treinamentos, e eu precisava vê-la.

Upadhi tinha tido um papel muito importante na minha vida. Eu a conheci em 2014 e me apaixonei por seu sorriso iluminado e seus olhos brilhantes no primeiro momento em que meus olhos pousaram sobre ela. Desenvolvemos uma conexão muito especial desde o primeiro momento; ela me ajudou a entender o quanto minha relação com minha mãe era codependente e o quanto eu me esforçava para atender às suas expectativas. Até hoje guardo a certeza de que o fato de ter engravidado de Gael na mesma semana em que ganhei essas percepções não foi coincidência.

Marquei um atendimento com ela e, ao vê-la, as lágrimas começaram a escorrer dos meus olhos. Me pergunto se todas as pessoas se sentem assim quando se encontram com seus mestres. A simples presença de Upadhi me arrancava da mente e me mostrava que existiam partes minhas que eu não conhecia. Estar com ela era estar *comigo* de uma forma que eu não conseguia estar com mais ninguém.

Foi uma sessão importante. Trabalhei diversos conteúdos relacionados, desta vez, a meu pai, de quem sentia estar muito distante. Upadhi me ouviu silenciosamente. De vez em quando seus olhos se desviavam dos meus e se perdiam no ar à minha volta. Eu sabia que ela estava enxergando mais coisas do que olhos humanos não treinados poderiam enxergar. Ela enxergava meu corpo energético. E viu alguma coisa ali.

No momento em que me deitei na maca, senti meu corpo estremecer na vibração que já conhecia. Eu estava de olhos fechados, mas podia sentir as mãos de Upadhi à minha volta. Varrendo. Limpando. A sensação era como se eu estivesse de volta ao útero da minha mãe, quentinho e reconfortante. Ao mesmo tempo, eu sabia que, no momento em que abrisse os olhos, tudo voltaria a ser como era. Vazio. Frio e estéril.

Eu me sentia oca por dentro. Upadhi parece ter percebido isso, porque logo em seguida ao meu pensamento, ela disse: "Você está segura, Flavia. A vida é segura. Apenas siga a energia".

Eu segui. Meu corpo começou a tremer mais e mais. Eu sentia uma coisa apertando minha barriga na região do estômago, como se uma gosma estivesse entrelaçada às minhas vísceras. Upadhi começou a dizer algumas palavras sem sentido, mas eu entendia a intenção delas. O que quer que estivesse dentro de mim, ela estava tirando.

Um choro violento veio à tona, acompanhado de uma sensação enorme de cansaço. Eu simplesmente não podia mais aguentar. Não queria mais ser quem eu era, era cansativo demais. Me sentir insuficiente, me sentir exausta a maior parte do tempo, sem forças para ser a mãe que eu queria ser. Não aguentava mais pensar nas coisas nas quais, de vez em quando, eu pensava.

Upadhi continuou fazendo seu trabalho e o choro foi cessando. Eu sentia o meu corpo envolto em uma nuvem azul e morna. Era como se estivesse flutuando num céu azul de brigadeiro. Eu sentia meus pés formigando e minha cabeça leve como uma pluma. Então, Upadhi disse: "Terminamos".

Eu não queria abrir os olhos, mas abri, porque sabia que ela estaria ali comigo. Eu a imaginava sorrindo para mim, mas, ao contrário disso, ela estava muito séria. Não me lembro muito do que ela disse nesse atendimento, e agora, escrevendo estas palavras, em um momento em que ela não está mais presente fisicamente neste plano, sinto que gostaria de ter prestado mais atenção.

Mas ela me fez um convite que eu não poderia recusar. Em alguns dias, ela conduziria um treinamento em OPH®, de dez dias, na Osheanic, um centro de desenvolvimento humano localizado na cidade de Aquiraz, no Ceará. Ela queria que eu fosse com ela. No treinamento, eu teria a oportunidade de mergulhar em outras camadas de mim mesma e compreender, em um estado de não mente, coisas que não conseguia compreender de outra forma.

Aquilo era uma loucura. Eu estava em plena semana de lançamento, e uma das *lives* mais importantes seria no domingo seguinte, data em que já precisaria estar lá. A reabertura de vagas, um processo interno que acontece na semana seguinte, aconteceria justamente no período do treinamento em que eu teria que ficar completamente offline. Do ponto de vista estratégico, era um desastre.

Mas eu não poderia dizer não – não queria dizer não. Eu queria segui-la, como os discípulos querem seguir seus mestres. Obedecer à força invisível que conecta os corações. Então, ao chegar em casa naquela tarde, conversei com Ricardo e ele foi categórico em apoiar esse movimento. Assim, em cinco minutos, trocamos nossas milhas por três passagens para Fortaleza e, dois dias depois, entramos no avião. Minha equipe me apoiou na decisão, porque sabia que eu não estava bem. Nunca vou deixar de agradecer a eles por isso.

Dentro do avião, naquela mesma semana, peguei Gael no colo e mostrei para ele as nuvens de algodão que flutuavam no céu abaixo de nós. Naquele instante, enquanto via o dedo gordinho do meu filho tocar o vidro da janela, não tinha como saber que essa experiência mudaria a minha vida por completo.

{ 4 }

DE FRENTE COM O MEDO

Diário,

 Acabei de ter um ataque de pânico. Me lembro perfeitamente de ter colocado você na bicama, do lado direito, e quando fui te procurar, você não estava lá. Te achei do lado esquerdo, mas tenho certeza de que não foi lá que eu te deixei.
 Eu morreria se alguém lesse o que escrevo aqui. Acho que uma pessoa que te lesse pensaria que eu sou louca. Mas sei que não sou. Eu só preciso de você para colocar meus pensamentos aqui e ver minha cabeça de fora para dentro. Sou sincera com você, diário, como nunca fui com ninguém.
 É muito difícil para mim aceitar que sou duas pessoas diferentes. Uma, a menina dos olhos da mamãe, a garota risonha que chega de uniforme da escola todos os dias e dá boa-tarde ao mundo. A menina que, às vezes, tem pesadelos ruins, que pensa em coisas más e na morte como uma amiga. A menina que reza todos os dias para que sua alma seja salva.
 É muito difícil.
 Meu maior sonho é ter filhos, mas como posso pensar em colocar no mundo pessoas que vão sofrer o que eu sofro?
 Esses dias conversei com a mamãe, e foi uma conversa realmente boa. Eu não disse tudo; não poderia dizer. Mas fiquei pensando: será que ela também tinha pensamentos ruins quando era criança?
 Papai me diz de vez em quando que eu nego a realidade. Talvez eu faça mesmo isso. Ainda é tudo muito confuso para mim.

Preciso encontrar uma forma de não me sentir tão vulnerável. Deve existir um jeito de fazer isso. Só preciso descobrir.

A culpa era sempre minha

Sinto uma fisgada no peito ao ler meu diário da adolescência. Minha mente varre minhas lembranças atrás de fatos que justifiquem os motivos de eu me sentir tão, tão mal, quase o tempo todo. Não encontro nada.

Mas eu sentia esse mal-estar, essa angústia, e, diante de todas as incertezas que rondavam minha vida no momento, uma única coisa me trazia esperança: quando eu crescesse, ia me sentir de uma forma diferente.

Quando eu crescesse, ia passar. Quando eu crescesse e tivesse filhos, eu seria exatamente como queria que minha mãe fosse. Eu seria a mãe que eu queria que minha mãe fosse. E meus filhos seriam felizes, como eu queria ser – e não era.

Em 2017, sentada naquele avião, eu buscava mais uma vez esse crescimento. Eu tinha quase 40 anos, era mãe, mas não me sentia muito melhor do que o que essas páginas do diário me contam sobre mim, na adolescência.

Eu continuava me sentindo uma pessoa má. Todas as vezes que algo de ruim acontecia, eu colocava a culpa em mim. Se Ricardo acordasse de mau humor, em minutos lá estava eu perguntando se tinha feito alguma coisa de errado. Se alguém do meu time demorava para me responder uma mensagem, eu começava a me perguntar se tinha pedido de um jeito descuidado ou desrespeitoso. Se recebia um comentário negativo na internet, me sentia profundamente injustiçada e voltava a me perguntar: "O que eu fiz para merecer isso?".

Hoje entendo que aprendi a me sentir culpada. Quando você é criança, enxerga o mundo de uma forma misturada: é como se o mundo todo tivesse que girar em torno de você. Uma criança não sabe lidar com a frustração, não tem espaço interno nem o sistema nervoso desenvolvido para ser capaz de fazer isso; por isso, quando quer algo e não recebe, traça uma estratégia para alcançar o que quer. Se continua sem receber, muda a estratégia. Até que, em algum momento, descobre uma que dá certo – e as estratégias que funcionam se transformam em um *modus operandi* que será repetido à exaustão.

A minha estratégia era me responsabilizar pelos estados emocionais de outras pessoas.

O casamento dos meus pais era um fiasco. A escola era uma droga. Eu não sentia verdadeiramente que tinha amigos, e os poucos que tinha sentia que eram meus amigos por pena. Eu era feia, gorda e meus pais não me deixavam fazer o que eu queria. Eu não me sentia à vontade em minha própria vida.

Mas eu não conseguia me libertar de meu *modus operandi*: tentar agradar a todos, não dar trabalho e não estabelecer os limites que sabia serem necessários. Se eu deixasse meu pai feliz com boas notas, talvez ele e mamãe não brigassem. Se eu não deixasse as revistas jogadas no banheiro, talvez minha mãe não ficasse de mau humor nem gritasse comigo. Se eu mantivesse o banheiro do meu cachorrinho, Pop, sempre limpo, talvez eu pudesse ir dormir na casa da minha melhor amiga.

Na adolescência, eu sonhava com um futuro no qual eu era feliz. Nunca poderia imaginar que, quase trinta anos depois, continuaria a fazer exatamente as mesmas coisas. Não mais com meu pai, minha mãe nem com os professores da escola rígida e exigente na qual eu estudava, mas com as pessoas que trabalhavam comigo. Com minhas alunas e clientes. Com pessoas completamente desconhecidas que deixavam comentários raivosos e agressivos nos meus vídeos e postagens nas redes sociais.

Tanta água já tinha passado debaixo da ponte e eu continuava igual, igual, igual. Um rato, na ratoeira.

Quando chegamos à Osheanic, na tarde daquele mesmo dia, experimentei o que sempre sinto quando estou naquele lugar: como se tivesse cruzado uma cortina energética e pudesse soltar o ar que nem sabia que estava prendendo dentro de mim. Eu me sentia segura.

A Osheanic é um dos meus lugares preferidos do mundo e consegue ser exatamente aquilo que se propõe a ser: um lugar onde você se reconecta com você mesmo e com os princípios do amor e da consciência. Tudo o que acontece na Osheanic nos desperta para nossa essência, por meio da experimentação do espontâneo, do desconhecido e da mágica que transforma a vida.

A Osheanic é um *Buddhafield*, um lugar onde a sabedoria se manifesta. Não é apenas um espaço onde acontecem retiros e meditações, mas um campo de energia que o convida a olhar para dentro e se questionar. Isso acontece por meio de meditações diárias, de retiros e cursos e da oportunidade de viver em comunidade. Todos esses métodos são inspirados por Osho, por quem eu já era completamente apaixonada na época.

Chegar à Osheanic, encontrar amigos queridos e conversar com pessoas que me olhavam nos olhos – era exatamente disso que eu precisava naquele momento. No instante em que lá cheguei, desliguei o celular e me desconectei completamente da minha própria vida. Durante dez dias, aquelas pessoas, aquelas conversas e aquelas meditações me deram exatamente tudo de que eu precisava.

Eu meditei muito. Além das três meditações diárias que acontecem na Osheanic, nós, do grupo de treinamento em OPH®, fazíamos outras vivências e meditações. Aprendemos sobre cada um de nossos chacras e seus sistemas energéticos correspondentes. Aprendemos a nos conectar com o campo sutil de outras pessoas, para mover a energia estagnada e limpar o que essas obstruções estavam trazendo para a vida delas.

Para alcançar esse nível de conexão com o sutil, é preciso sutilizar a mente. Separar o joio do trigo e desconstruir narrativas sobre si mesmo e sobre os outros. É preciso desestagnar a sua própria energia. Para atuar no campo energético, é preciso sair da mente e se conectar com o corpo e com as emoções – aquilo que você realmente é, para além dos seus pensamentos.

Eu não queria ser uma terapeuta OPH®. Mas passar pelo processo de me tornar uma salvou a minha vida naquele momento, e continua me salvando até hoje.

Quando encontra seu mestre, você se reconhece nas palavras dele. Como se o que ele fala não fosse algo novo. No fundo, no fundo você já sabia daquilo, só não lembrava que sabia, por isso o mestre se torna mestre. Você não escolhe um mestre. O mestre o escolhe, porque suas verdades são semelhantes. Você não busca um mestre. Ele se apresenta a você.

> "A MAIOR LIBERDADE QUE EXISTE É SER LIVRE DE NOSSA PRÓPRIA MENTE."[3]
>
> OSHO

---

[3] OSHO. *Liberdade*: A coragem de ser você mesmo. Tradução livre. São Paulo: Cultrix, 2010.

Osho já tinha se apresentado a mim. Eu já sabia que ele era meu mestre porque o que ele dizia ressoava em mim. Eu não conhecia muito da sua vida, sabia que era uma figura controversa e que existia a narrativa de que ele tinha sido assassinado pela CIA, o serviço de inteligência dos Estados Unidos. Mas eu não fazia a menor ideia da expansão que seus ensinamentos tinham alcançado nem como tinha impactado profunda e definitivamente a vida de tantas pessoas.

Upadhi foi uma delas. Ela conheceu Osho muito jovem, tinha vinte e poucos anos quando ele se apresentou a ela. Viveu com Osho na Índia, no Ashram de Puna, e depois nos Estados Unidos, em uma comunidade no Oregon que ficaria famosa principalmente depois que o documentário *Wild Wild Country* foi lançado pela Netflix, em 2018.

Durante aqueles dez dias de treinamento, Osho esteve presente o tempo todo. Ter seu coração tocado várias vezes por dia pelas mensagens do mestre – que também são suas – o transforma. Estar em silêncio o transforma. Dançar deixando que a música atravesse seu corpo e se conecte com as suas células o transforma. Conversas honestas e vulneráveis o transformam.

Durante dez dias eu me vi sendo transformada. Eu não vivi nenhum *Samadhi*, não me iluminei nem deixei de ser quem eu era, mas essa foi a primeira vez que entendi que existia essa voz, que falava o tempo todo dentro da minha cabeça. Eu conheci a minha mente e quase consegui enxergá-la como algo separado de mim. Consegui perceber como ela me colocava em movimento, sempre em busca de algo que me trouxesse paz e segurança.

Consegui perceber o quanto eu era arrogante, prepotente e vaidosa. Eu percebia dentro de mim como me sentia quando alguém me reconhecia da internet, coisa que tinha se tornado bastante comum.

Eu gostava quando isso acontecia, adorava conhecer as pessoas em carne e osso, sentir seu abraço, seu perfume. Mas naquele momento, naquele específico momento em que a pessoa me olhava e perguntava: "Você é a Flavia Melissa, né?", meu ego dava cambalhotas. Era como se, nesses momentos, eu me transformasse em duas pessoas. Uma, ali, realmente presente na conversa, e outra espreitando a reação das outras pessoas que presenciavam a cena.

Naqueles dez dias eu comecei a perceber isso em movimento, e não como se fosse uma parte minha, mas *algo em mim*. Quase como um invasor de corpos, daqueles filmes de terror de quinta categoria em que alienígenas tomam posse do corpo de uma pessoa e roubam sua identidade. Existia essa força em mim – sempre tinha existido –, e ela parecia me possuir: tudo o que importava, então, era eu afirmar algo, de alguma forma, para alguma pessoa. Como se o que acontecesse dentro de mim fosse um espetáculo de uma garotinha em um palco gritando: "Ei, mamãe, papai! Olhem para mim! Vocês estão felizes com quem eu me tornei? Posso ficar feliz também?".

Um rato, em uma ratoeira.

Ou um hamster em uma roda, que corre, corre, corre e nunca sai do lugar.

Quando a sua vida entra em harmonia com o ciclo da vida, do nascer e do pôr do sol e do caminhar mais leve, ela se transforma. Mas foi sem saber que eu estava sendo transformada que tomei um chá em um dos intervalos do treinamento, comi uma maçã e entrei casualmente na lojinha da Osheanic, pra me distrair e passar o tempo até a próxima sessão começar. Gael brincava com Ricardo e outras crianças na piscina, e eu estava cumprindo silêncio após uma sessão de meditação.

Foi assim que, casualmente, eu abri pela primeira vez um dos livros de Krishnananda e Amana Trobe, um casal de *sannyasins* discípulos de Osho.

{ Quando a sua vida entra em harmonia com o ciclo da vida, do nascer e do pôr do sol e do caminhar mais leve, ela se transforma. }

Ele, Kris, é psiquiatra; ela, Amana, é terapeuta. Juntos ele criaram o Learning Love Institute (em tradução livre, "Instituto Aprendendo Amor"), cujo foco é ensinar as pessoas a se amarem e amarem o outro. Juntos eles escreveram seis livros, traduzidos mundialmente. Um deles estava nas minhas mãos naquele momento: *Face to Face with Fear: Transforming Fear into Love* (tradução livre: "De frente com o medo: transformando o medo em amor").

Abri o livro em uma página qualquer e comecei a ler. "Uma das principais maneiras de proteger nossa vulnerabilidade é desempenhando papéis e construindo uma 'autoimagem'" – eles diziam. Me interessei instantaneamente, porque vulnerabilidade era a definição perfeita de tudo o que estava vivenciando naqueles dias de OPH®. Eu tinha me dado conta de padrões que não conseguia mais ignorar, e, por mais que não entendesse direito de onde esses padrões vinham, sabia perfeitamente ao que eles se destinavam: a não me sentir vulnerável.

"Criamos todo tipo de papel para nos esconder: ser poderoso, ser uma vítima, ser sexy, o 'melhor' ou o 'pior'. Ser o engraçado, o espiritualizado, o charmoso, ou o atlético. Podemos nos esconder atrás de qualquer coisa que fortaleça nosso Ego" – continuavam eles.

Vrau! Senti como se as páginas do livro esbofeteassem minhas certezas sobre mim mesma. Eu era a rainha dos papéis e tinha bastante clareza sobre eles fazia algum tempo. O diagnóstico de codependência, recebido em 2009, por vezes ainda se mostrava bastante atual. Não mais nos relacionamentos amorosos, que haviam sido minha programação principal por anos. Mas minhas relações de trabalho, tanto com clientes quanto com colaboradores, guardavam muitos resquícios dessa dinâmica.

O gongo tocou anunciando o retorno do grupo e eu, sem pensar duas vezes, comprei o livro. Antes de entrar no *Buddha Hall*, principal salão da Osheanic, ouvi Gael me chamando: "Mamãe! Eu vou tomar sorvete!".

Ricardo vinha logo atrás dele. Sorri a distância, parecendo realmente enxergar meu filho e Ricardo pela primeira vez em muitos meses.

"Siga a energia" – ouvi a voz de Upadhi dentro da minha cabeça. Olhei para dentro do salão e minha mestra me observava. Ela sorriu. Eu sorri de volta, apertei o livro contra o peito e entrei.

{5}
DA DOR À CONSCIÊNCIA

Alguém tem que ser igual a mim no mundo.

Todos pensam que minha vida é perfeita, mas só eu sei o que se passa dentro de mim e da minha cabeça. Eu vou fazer 14 anos... Será que alguém aos 14 anos se sente assim?

Achei que minha vida fosse ser muito diferente aos 14. Achei que, aos 14, eu teria um corpo perfeito. Seria uma ótima aluna sem nem me esforçar. Teria muitos caras no meu pé. Meus pais me amariam muito!

Mas eu não tenho um corpo perfeito, tenho que me matar na escola para me manter na média, meus pais nem de longe me amam como eu gostaria de ser amada.

Nunca tive um namorado. Todo mundo já namorou. Eu beijei um cara, uma única vez. Foi estranho e ele ficava passando a língua nos meus dentes.

Depois, andamos de mãos dadas pela rua enquanto ele ouvia música no seu walkman.

Cruzamos pessoas conhecidas na rua, e elas riram de mim. Por que não ririam? Uma menina rechonchuda com um cara magricelo com fones enfiados nos ouvidos. Eu sou patética.

Mas talvez um dia eu não seja mais. Talvez um dia eu tenha o corpo perfeito, se eu me esforçar bastante. Talvez, quando eu for magra e bonita, eu tenha amigos mais populares e bonitos. Talvez nesse dia meus pais me olhem com orgulho. Talvez um dia eu seja realmente inteligente e admirada pelas pessoas.

Talvez nesse dia eu me lembre da garotinha que fui com quase 14 anos e diga a ela...

Vencemos!

Entre o Céu e a Terra

A lenda chinesa da criação do mundo diz que no início não havia nada além do Tao, o Vazio Supremo. E do Tao criou-se um ovo negro, que foi chocado por dezoito mil anos. Dentro desse ovo, Yin, Yang e Panku, o primeiro homem, coexistiram em um estado de unicidade por todo esse tempo.

Com muita determinação, Panku rompeu a casca do ovo e foi criado o Universo. Yin, mais denso e pesado, foi para baixo e formou a Terra. Yang, mais leve e sutil, subiu e formou o Céu. Panku, assustado com sua criação, rapidamente afastou as pernas e ergueu os braços, segurando Céu e Terra e impedindo que eles voltassem a ser uma coisa só. Depois de dezoito mil anos, Panku descansou.

Sua respiração se transformou no vento; sua voz, no som do trovão. Seu olho esquerdo se tornou o Sol e o direito, a Lua. Sua carne se transformou na terra, seus músculos deram origem às montanhas e seu sangue formou os rios. Sua barba formou os arbustos e mudas de plantas e seus pelos deram origem às florestas. Sua pele virou o chão, seus ossos, os minerais e sua medula, todas as pedras preciosas. Seu suor caiu como chuva.

Todas as pequenas criaturas que viviam em seu corpo, como pulgas, piolhos e pequenas bactérias, foram carregadas pelo vento e deram origem a todos os dez mil seres, que se espalharam pelo mundo.

Todos nós somos Panku. Nossa infelicidade vem desse esforço contínuo de manter o joio separado do trigo, o certo do errado, o bom do ruim. Não que essa separação não seja necessária para vivermos em sociedade, mas, quando aplicamos essa dualidade e separação ao que existe dentro de nós, criamos apegos e rejeições.

Nós somos biologicamente moldados para evitar o desconforto. Se pisamos em uma abelha e um ferrão nos corta a carne, levantamos imediatamente o pé do chão. Se estamos cozinhando e pegamos uma panela com um cabo quente, colocamos a panela de volta no fogão o mais rápido que podemos.

Mas, quando a dor vem não de um ferrão de abelha, e sim de uma frustração, ou quando o que nos corta o peito não é um cabo de panela quente, e sim o sofrimento intenso de uma mágoa não curada, não é tão simples assim.

Todos somos Panku, estagnados na mesma posição, tentando evitar que tudo volte a ser uma coisa só – porque para nossa mente é impossível que algo seja bom e ruim *ao mesmo tempo*, dependendo apenas do ponto de vista ou da circunstância na qual examinamos uma situação.

Todos nós somos Panku, e o que nos causa exaustão é estar o tempo todo julgando, porque esse julgamento e essa separação do mundo entre bom e ruim, entre incômodo e conforto, entre certo e errado, aniquilam as chances de as infinitas possibilidades se manifestarem.

Separando o bom do ruim, evitamos todo e qualquer confronto com o desconforto, mas quem nos garante que não é justamente o desconforto de hoje que vai nos conduzir ao tesouro de amanhã? Tal qual a dor de um trabalho de parto que, no fim, acaba trazendo uma nova vida ao mundo.

De acordo com a lenda chinesa, é apenas quando Panku descansa que tudo nasce: as florestas, os mares, as pedras preciosas e os dez mil seres. É apenas quando deixamos de separar o bom do ruim e o certo do errado que o Universo tem a possibilidade de se manifestar em toda a sua glória e abundância. É apenas quando descansamos que a vida começa.

Se quisermos ser verdadeiramente felizes em nossas vidas, com nossas relações e com as pessoas que nos são significativas, precisamos vencer a tendência humana de dividir o mundo em dois. Nossas mentes, elas mesmas divididas em dois hemisférios cerebrais, direito e esquerdo, funcionam com base nesse preto no branco. Uma coisa é uma coisa *ou* outra coisa. Mas nossas emoções não acompanham essa divisão. Nossas emoções são diferentes tonalidades de cinza entre o preto e o branco, e nada do que a gente faça vai mudar essa realidade.

Mas ninguém nasce assim. Nós aprendemos o que é bom e o que é ruim, o que é bonito e o que é feio. O que devemos buscar e o que devemos rejeitar. Sem perceber, nos tornamos escravos desses aprendizados, que, por sua vez, vieram de aprendizados de outras pessoas, que aprenderam com outras pessoas. Nunca paramos para pensar no que é certo ou errado *para nós*.

Quando eu era adolescente, o preto e o branco estavam bem marcados na minha educação. Estudando em um colégio italiano extremamente rígido e disciplinador, tendo em meus próprios pais figuras de autoridade bastante exigentes, eu não conseguia acompanhar a dança dos diferentes tons de cinza nas minhas emoções.

Naqueles dez dias na Osheanic eu estive frente a frente com essa minha parte rígida, inflexível e autoritária que havia sido internalizada – não eram mais meus pais, minha escola nem meus professores que exigiam de mim uma suposta perfeição: era eu mesma. Quando não conseguia ser perfeita, eu me sentia absolutamente fracassada e vulnerável.

E quem é que consegue ser perfeito o tempo todo?

O que quase nunca percebemos, ao menos não de forma consciente, é que o medo é a emoção por trás de todos os nossos comportamentos disfuncionais. O medo ativa nosso sistema nervoso e nos coloca em ação, por meio de comportamentos que visam apenas à sobrevivência, não à felicidade.

Foi por meio do medo que aprendemos o que era certo e o que era errado. O medo da punição, o medo de que algo ruim acontecesse. "Água no umbigo, sinal de perigo!", meus pais costumavam

{ Nunca paramos para pensar no que é certo ou errado para nós. }

me dizer quando eu era pequena e ainda não sabia nadar. Sei perfeitamente bem que a intenção era boa, mas quando somos crianças, não registramos intenções, apenas ações. E *perigo* era uma das palavras que regiam minha vida desde então.

Foi o medo que fez Panku ficar naquela posição entre o Céu e a Terra, separando um do outro para que tudo não voltasse a ser uma coisa só. É o medo que nos faz separar o mundo entre bom e ruim, certo e errado – porque para o nosso sistema nervoso, a partir do momento em que temos clareza sobre o que é bom e o que é ruim, podemos nos apegar ao bom, sobreviver e evitar o ruim e a morte.

Da criança autêntica
ao adulto conformado

A ideia principal do livro que eu tinha começado a ler, de Krishnananda e Amana Trobe, é que nós nascemos em nosso centro, profundamente conectados conosco. Você nunca vai ver uma criança recém-nascida preocupada com a opinião dos outros a respeito dela. Você não vai ver um bebê se culpando por ter acordado catorze vezes durante a noite e se perguntando se a mãe está chateada com ele por causa disso. Um bebê não se sente inadequado nem se pergunta se é bom o suficiente para ser amado.

Tudo isso é aprendido.

Quando nascemos, somos absolutamente autênticos, espontâneos e verdadeiros. Se queremos chorar, choramos, se queremos sorrir, sorrimos, e tudo segue de acordo com os movimentos energéticos de nossas emoções.

Quando experimentamos o desconforto, sentimos pequenas contrações no corpo, mas nossos movimentos de expressão emocional dão conta de trazer alívio para o sistema e tudo volta a fluir novamente em homeostase. Mas isso dura pouco, porque, conforme vamos crescendo, a autenticidade começa a ser potencialmente perigosa.

Freud já dizia: "Civilização é repressão". Para vivermos em sociedade, mais cedo ou mais tarde teremos que reprimir impulsos individuais em prol do coletivo. Não podemos simplesmente agir como se nosso interesse pessoal fosse tudo o que importa. Todas as regras e leis foram criadas pensando nisso: viver em grupo. As manifestações espontâneas e autênticas de frustração e raiva, em algum momento de nossas vidas, passam a ser nocivas ao convívio em sociedade.

Então, passamos a receber informações de como devemos ser e de como não devemos ser. Do que é bom, do que é ruim, do que é aceitável e do que é inadmissível. À medida que recebemos esses ensinamentos, recebemos também inúmeras informações subliminares sobre eles.

De vez em quando, nossas atitudes fazem papai e mamãe sorrir. Em alguns momentos, eles ficam tristes, decepcionados e chateados. Em alguns momentos, eles sentem raiva – e essa raiva, se mal expressada ou canalizada, pode nos causar mal.

Os limites não vêm apenas como informações desprovidas de sentido, interpretação e valor. Os limites vêm acompanhados de sinais emocionais importantes para nós, que somos seres gregários e sociais.

As crianças podem não ter conscientemente a percepção do quanto dependem de seus pais ou cuidadores, mas vivem essa dependência diariamente, em níveis físicos, emocionais e materiais. A criança depende dos pais para se alimentar, para se limpar, para trocar de roupa. Depende deles para ir na casa do amiguinho preferido e para se acalmar depois dos pesadelos. A dependência que sentimos em relação a nossos pais e cuidadores da infância e a maneira como evoluímos a partir dessa primeira relação de dependência estiveram por trás de cada aprendizado importante durante nossa primeira infância.

Esses condicionamentos exercem uma espécie de "pressão", e a criança reage a essa pressão. Atender a expectativas e ser reconhecido passa a ser a "fórmula mágica" para deixar de lado emoções desconfortáveis, como o rancor, o desamor, a falta de acolhimento, a tristeza, o abandono, a rejeição, o ressentimento, a vergonha, a culpa e o arrependimento. Grande parte de nossa personalidade é formada nessa busca pelo bom e na fuga do que é ruim. Em algum momento da vida, na busca pelo amor e pelos sorrisos, aprendemos a nos abandonar.

Kris e Amana desenvolveram um modelo fascinante e facilmente compreensível desse funcionamento. O modelo dos círculos concêntricos descreve essas três camadas de existência.

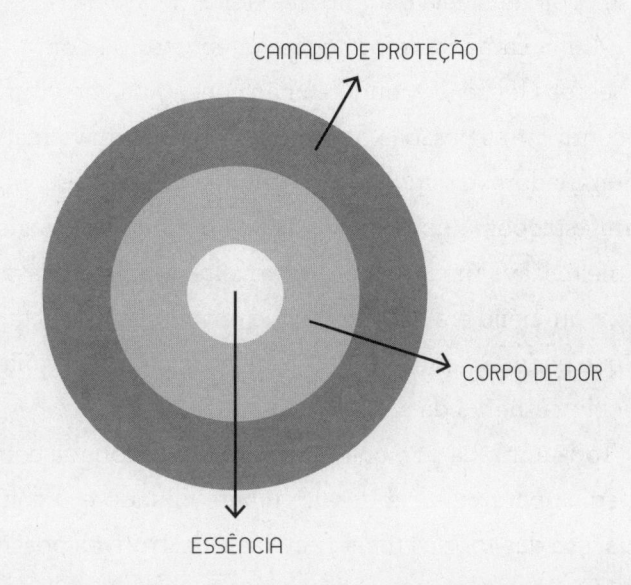

CAMADA DE PROTEÇÃO

CORPO DE DOR

ESSÊNCIA

A primeira camada, o Centro, representa nossa essência verdadeira. No centro somos livres e desimpedidos, somos verdadeiros, autênticos e em estado de *flow*, de fluxo, com a vida.

A segunda camada representa nosso Corpo de Dor, onde somos arremessados sempre que algo nos atinge por meio do medo e nos joga em sentimentos desconfortáveis.

A terceira camada, a de Proteção, é para onde fugimos sempre que nos vemos em meio às emoções desagradáveis do Corpo de Dor. É uma camada regida por expressões características de uma criança ainda bem pequena: na Camada de Proteção, somos egoístas, onipotentes, reativos e controladores.

Eu gosto de pensar nesse modelo como se fosse um ovo: nós nascemos na gema, mas a vida nos arranca desse centro e nos joga na clara. Com o tempo, vamos construindo uma casca, onde experimentamos alívio temporário do sofrimento. Mais cedo ou mais tarde, porém, novos gatilhos são acionados e nos deparamos com o medo, para logo em seguida repetirmos o ciclo sem fim de busca por anestesia daquilo que dói e incomoda.

Minha camada de proteção foi construída com base em deixar as pessoas felizes. Quando eu não conseguia, me vitimizava e tentava controlar as pessoas pela culpa. Eu me tornava reativa, explosiva e dominadora, e depois sentia culpa e arrependimento por minhas manifestações emocionais extremadas. Se nada mais desse certo, eu me tornava uma rebelde, me revoltava e me tornava alguém para quem um beijo era melhor do que um tapa, mas um tapa era melhor do que nada. Ou simplesmente me afastava, me retraía e me retirava emocionalmente da situação.

Toda a minha personalidade tinha sido forjada com base em estratégias para evitar a dor, a vulnerabilidade e o sofrimento. E eu fazia isso das formas mais criativas e destrutivas possíveis.

Na verdade, todos os dramas que criamos na vida estão nessa camada, onde nos protegemos e nos defendemos da dor. Os relacionamentos tóxicos, a compulsão por produtividade, o vício em trabalho, a busca pelo corpo perfeito, por dinheiro e sucesso estão nessa camada. Estamos aprisionados em padrões e estratégias construídos há muito, muito tempo, quando ainda éramos regidos por um funcionamento imaturo do sistema nervoso típico dos primeiros anos de vida. Quando funcionávamos de acordo com um estado de consciência infantil, que buscava alívio do sofrimento e se agarrava a gotas de amor e reconhecimento.

E o mais contraditório e paradoxal é que, nessa camada de proteção tão densamente construída, criamos mais e mais confusão e dor. Décadas depois da infância e adolescência, repetimos os mesmos padrões de alívio da dor, o que causa mais e mais sofrimento.

O rato e a ratoeira. O hamster e a roda.

{ 6 }
A PROMESSA DA SEMENTE

Está frio hoje; já é de noite, um pouco mais tarde do que papai aprovaria que eu estivesse acordada.

Já passou da meia-noite, então tecnicamente hoje já é amanhã. Como se isso importasse.

Não há lua. Nem estrelas. Apenas uma camada espessa de nuvens, que cobre o céu permitindo apenas que o vento sopre gelado pela janela. Estou com frio. Como se isso importasse.

Tive grandes revelações sobre a vida nos últimos tempos. Como não percebi antes o quanto é fácil? Basta deixá-los felizes para ganhar tudo o que eu quiser. O que vale mais a pena: ser feliz e má, decepcionando a todos, ou ser infeliz e boa, dando exatamente o que os outros esperem que eu dê?

Como se importasse, como se essa pergunta importasse. Como se qualquer coisa importasse.

Meu pai não gosta das roupas que eu uso. Também não gostaria de saber que guardo comigo cinco cigarros que roubei dele e que escondo secretamente em uma de minhas canetas de dez cores, oca por dentro. Ele morreria se soubesse que sua filhinha faz essas coisas. Não quero decepcioná-lo. Se ele soubesse o que se passa pela minha cabeça então...

Tenho estado muito ocupada tentando mudar. Em fazer o bem. Em ser honesta. Em ser uma boa amiga, uma boa filha e uma boa irmã. Tenho tentado evitar pensamentos tristes, pensar somente em fazer e falar tudo certo para deixar as pessoas sempre felizes.

É mais fácil ser assim.

O trauma vive no cotidiano

Voltei da Osheanic me sentindo inteira, como havia muito tempo não me sentia. Sob orientação de Upadhi, cumpri 21 dias praticando *Gibberish*, uma meditação ativa de Osho cujo objetivo principal é limpar a mente. É uma técnica que se utiliza da catarse, de sons e de movimentos corporais expressivos seguida de um mergulho profundo no silêncio.

Eu me sentia conectada comigo mesma. Estava devorando os ensinamentos de Kris e Amana, revisitando partes difíceis de minhas memórias em busca de uma compreensão maior sobre meus traumas.

A gente pensa no trauma como um evento grandioso, que deixa marcas profundas e permanentes. Mas, para além dos traumas "óbvios", existem muitas outras experiências que, na infância, podem atuar como traumas, por exemplo, ser submetida a humilhações, críticas e julgamentos constantes; testemunhar, repetidas vezes, brigas, discussões e um ambiente hostil de modo geral; ter sido vítima de violência física, verbal, emocional ou moral durante sua criação; ter experimentado bullying, rejeição ou exposição na escola – entre tantos outros.

Diante do trauma, nosso sistema nervoso se arma para processar e responder a vivências atuais que servem de gatilho e cutucam essas experiências adormecidas – por isso, o primeiro passo do processo sempre vai ser reconhecer as situações-gatilho que nos tiram do Centro, nos jogam no Corpo de Dor e nos fazem entrar no piloto automático de fuga para a Camada de Proteção. Qualquer tipo de comportamento compulsivo que experimentamos, do vício em drogas à tendência de agradar às pessoas, é, na realidade, uma resposta traumática que busca suavizar o sistema nervoso e voltar ao equilíbrio.

Meu piloto automático na vida sempre foi buscar corresponder a expectativas, ser simpática, cordial e deixar as pessoas satisfeitas e felizes comigo. No entanto, depois do treinamento em OPH®, na Osheanic, eu havia me tornado consciente disso. Foi muito difícil constatar que eu havia experimentado diversos traumas ao longo da vida.

Voltei da Osheanic mais comprometida do que nunca com a meditação. Como quase tudo o que eu vivia ou fazia na vida pessoal acabava transbordando no trabalho, resolvi conduzir um desafio de doze semanas de meditação dentro do Portal Despertar, o *Desafio da Meditação*. Foram meses deliciosos, me sentindo verdadeiramente conectada com o meu processo pessoal ao mesmo tempo que servia de guia para que outras pessoas também pudessem se experimentar no espaço sagrado da meditação.

Montei uma série de aulas para o Portal Despertar em que abordava os principais aprendizados que estava tendo com o método do Learning Love, e todos os meses dava aulas longas, de até quatro horas de duração, sobre o tema.

Eu me sentia fortalecida. Mal sabia que, ao longo dos próximos meses, toda essa força seria testada e colocada à prova.

> "QUANDO VOCÊ VÊ ROSAS FLORINDO, VOCÊ JÁ PENSOU QUE TODA ESSA COR, TODA ESSA SUAVIDADE, TODA ESSA BELEZA ESTAVA ESCONDIDA EM ALGUM LUGAR DENTRO DA SEMENTE?"[4]
>
> OSHO

---

[4] OSHO. *God is dead*: Now Zen is the only living truth. Tradução livre. Rebel Pub, 1997.

Gente que parte, gente que chega

No final de 2017, uma de minhas melhores amigas descobriu que estava com câncer – eu soube, desde o primeiro momento, que ela não sobreviveria.

A Gi tinha, na época, por volta de 50 anos e era uma das pessoas mais divertidas e malucas que eu já tinha conhecido. Nosso encontro tinha acontecido dez anos antes, na época em que eu namorava o homem pelo qual me mudei para Ilhabela pela primeira vez. Eu estava verdadeiramente entregue e apaixonada, mas apenas alguns meses depois o romance esfriou.

Em uma noite em que eu estava particularmente abalada, depois de ele ter pedido "um tempo" do relacionamento de modo bastante repentino, a Gi veio como um furacão louro desgovernado e lançou a real: "Tem mulher na história" – e realmente tinha. Mesmo parecendo uma doida varrida, a Gi quase sempre tinha razão.

Ela ria muito dizendo que, na época, tinha certeza de que eu a odiaria para sempre por ter jogado um balde de merda na minha cabeça, logo em nosso primeiro encontro, mas me apaixonei por ela exatamente por isso. Eu gostava de pessoas sinceras, e a Gi foi uma das pessoas mais sinceras que conheci na vida.

Ela tinha uma história de vida que rendia um bom livro – que nós prometemos que, um dia, escreveríamos juntas. Se chamaria *As pérolas de Giselle*, e a capa seria uma foto dela, com o cabelo em um coque chique e pretensioso, nua, usando apenas um colar de pérolas. Ríamos muito falando sobre isso.

O título era uma alusão às muitas trapalhadas que ela cometia. A Gi era uma dessas pessoas que começam falando de uma coisa e, quando vê, está falando sobre algo completamente diferente e nada a ver. Uma vez, por exemplo, depois de tomar vários chás de cadeira esperando técnicos que viessem verificar por que sua TV satélite não estava funcionando, ela teve uma crise histérica ao telefone com a atendente do serviço. *"Eu quero meu HIV!"*, ela gritava a plenos pulmões. Queria dizer VHS, mas HIV lhe pareceu uma sigla tão boa quanto.

A Gi era assim. Chamava bote inflável de bote *inflamável*, furúnculo de *espelunco* e acesso de *abscesso*. Descobriu um melanoma grau IV em novembro de 2017 e veio a falecer em setembro de 2018. Tivemos uma convivência intensa nesse período, e, por mais que eu ficasse feliz com as aparentes boas notícias que de vez em quando ela trazia sobre o tratamento, eu sentia que ela estava indo embora. Porque a Gi era assim: mudava de ideia de uma hora para outra. Até hoje penso que sua morte foi uma dessas mudanças bruscas de ideia, como se sua alma tivesse resolvido, de repente, que era hora de voltar para casa.

Mas em novembro de 2017 ainda não sabíamos de nada e seguimos vivendo nossas vidas em paralelo, nos falando sempre pelo WhatsApp e compartilhando desafios. Em fevereiro de 2018, a Gi foi uma das primeiras pessoas a saber que eu estava, finalmente, grávida pela segunda vez.

Foi muito intenso, forte e profundo viver minha segunda gestação ao mesmo tempo que testemunhei minha melhor amiga morrer. Foi muito difícil entrar em contato com tantas emoções fortes e intensas ao mesmo tempo que sabia que um serzinho tão puro e inocente se desenvolvia em meu ventre. Quanto mais minha barriga crescia, mais doente a Gi ficava e mais intensa era nossa convivência. No período mais crítico da doença, eu ia visitá-la todas as semanas em São Bernardo do Campo, para onde ela tinha se mudado para morar com uma de suas filhas.

Na última vez que nos vimos pessoalmente, em que ela estava consciente, a visita acabou com a chegada do SAMU e a partida da Gi em uma ambulância para o hospital, com a pressão arterial baixíssima. O melanoma tinha se espalhado e ela já tinha focos de metástase na coluna, no fígado e, possivelmente, no estômago e no cérebro. Ela vinha tendo muita dificuldade em reter os alimentos e as bebidas, tinha emagrecido muito, urinava sangue e não conseguia mais andar.

Algumas semanas depois eu a visitei no hospital, mas ela já estava sedada e inconsciente. Foi um momento muito triste, mas muito bonito também. Eu e Ricardo cantamos mantras, fizemos massagem nos pés dela e "conversamos" muito. Ela franzia as sobrancelhas, como se pudesse me ouvir. Às vezes, quase parecia que ia abrir os olhos e dizer alguma coisa. Antes de ir embora, eu a abracei e disse: "Amiga, permita-se descansar". Ela morreu apenas duas horas depois.

No dia seguinte, eu, Ricardo e minha barriga enorme de sete meses fomos ao velório da Gi. Foi lindo ver tanta gente querida ali reunida. Muita gente me agradecia por ter estado tão próxima dela em momentos tão difíceis. Eu agradecia de volta, sem saber direito o porquê. Não tinha nenhuma clareza sobre como estava sendo desgastante viver todo esse processo, grávida, ao lado de minha melhor amiga. Era como se eu estivesse anestesiada para toda a dor, na tentativa de não permitir que aquelas emoções fossem percebidas pelo meu bebê.

Quando cheguei em casa depois da cremação, me permiti chorar pela primeira vez desde que ela havia descoberto o câncer. No dia seguinte, passei a manhã toda na cama, ouvindo todas as mensagens que havíamos trocado desde então. Foi difícil reviver aqueles onze meses em quatro horas de mensagens e perceber que a morte age inexoravelmente. Morte e vida, vida e morte.

Eu pensava muito na mãe da Gi.

Nenhuma mãe deveria ter que enterrar um filho.

{ Qualquer tipo de comportamento compulsivo que experimentamos, do vício em drogas à tendência de agradar às pessoas, é, na realidade, uma resposta traumática que busca suavizar o sistema nervoso e voltar ao equilíbrio. }

Encontros e despedidas

É impossível não pensar na segunda gestação como o período da minha vida em que perdi minha melhor amiga. Durante o parto de Dante, dois meses depois do falecimento da Gi, conversei muito com ela. Chorei muito pela morte dela enquanto trazia meu filho ao mundo. A cada contração, eu o sentia mais perto, e a sentia mais longe. Como se, agora que meu filho estava nascendo, eu tivesse algo realmente bom para preencher o buraco que sua partida havia criado em mim – e ela pudesse, finalmente, ir embora.

Hoje percebo que a morte da Gi foi o primeiro momento na minha vida em que minha estratégia infantil de agradar aos outros, ser prestativa e me desdobrar em esforços para que tudo desse certo no final não funcionou. Ela morreu. A morte era incontrolável. Por mais que eu tenha tentado, a morte havia levado consigo pela primeira vez uma pessoa realmente próxima.

Eu não sabia viver em um mundo sem a Gi, mas tive que aprender a fazer isso.

Apesar da dor, apesar do sofrimento, apesar da angústia, eu também tinha muitos momentos bons. Gael desde sempre frequentou a escola Waldorf, e entrar em contato com a Antroposofia foi algo profundamente suportivo e transformador para mim. Eu acreditava em dias melhores e sabia que, mais cedo ou mais tarde, encontraria forças para transformar o que precisava ser transformado em minha vida.

"Siga os sinais", eu repetia para mim mesma da mesma forma que tinha feito anos antes, quando Ricardo ainda tinha um tumor no cérebro e zero perspectiva de conseguir operar.

Mais uma vez, sinais se revelavam.

{ 7 }

TRABALHE
NA MENTE

Diário,

Não sei bem por que estou escrevendo. Só quero informar minha decisão: eu quero ser boa.

Eu não sei se sou boa, quer dizer: se, com as coisas que penso e faço, poderia ser considerada uma boa pessoa. Quero acreditar que sim.

Ou se sou má e tudo o que eu fizer só me fará lutar comigo mesma, me recusando a aceitar meu próprio caráter.

Tenho me sentido muito má, e as coisas que escrevo aqui só me fazem sentir mais e mais culpa. Como se eu fosse uma bola de sabão prestes a estourar.

Esses dias sonhei que estava trancada em um quarto, sem portas e janelas. Apenas parede, parede, parede. Não havia nenhum móvel nesse quarto. Eu estava nua. Me lembro de sentir uma coisa horrível por estar sozinha nesse quarto, sem móveis, roupas ou distração alguma. Me lembro de pensar que eu sentiria sede, fome e vontade de fazer xixi, e teria que fazer ali mesmo. Sem janelas. Sem portas ou móveis. Apenas eu, nua. Acordei chorando e suando frio.

Me recuso a acreditar que minha existência seja isso: me sentir sem ar. Não gostar de quem eu sou. Me esforçar para mudar e falhar, falhar, falhar.

Por isso, apesar de detestar dizer adeus, sinto que devo. Você não voltará a ter notícias minhas por algum tempo — até eu me sentir realmente limpa.

Eu nunca quis mentir. Nunca quis enganar pessoas que me amavam. Só queria que as pessoas gostassem de mim.

Mas tenho 15 anos, uma vida pela frente e não posso me culpar para sempre. Estar aqui, em meio às suas páginas, só me faz sentir minha própria maldade.

Juro que vou tentar ser boa. Só não sei quando o verei de novo.

Preciso ir. Agora.

> "LEMBRE-SE SEMPRE DE QUE TUDO O QUE ESTÁ ACONTECENDO AO SEU REDOR ESTÁ ENRAIZADO NA MENTE. A MENTE É SEMPRE A CAUSA, O PROJETOR ESTÁ FORA, HÁ APENAS TELAS, VOCÊ SE PROJETA. SE VOCÊ SENTE QUE É FEIO, ENTÃO MUDE A MENTE. SE VOCÊ SENTE QUE TUDO O QUE VEM DA MENTE É INFERNAL E UM PESADELO, ENTÃO LIBERE A MENTE. TRABALHE NA MENTE, NÃO COM A TELA; NÃO VÁ PINTÁ-LA NEM TENTAR MUDÁ-LA. TRABALHE NA PRÓPRIA MENTE. MAS HÁ UM PROBLEMA: VOCÊ PENSA QUE É A MENTE. ENTÃO, COMO VOCÊ PODE LARGÁ-LA?"[5]
>
> OSHO

---

[5] OSHO. The Book of Nothing: Hsin Hsin Ming, Talk #5. Tradução livre.

Penso, logo não me deixam existir

Quando leio essas páginas do meu diário, o que sinto é a mais pura vontade de mergulhar nos meus escritos vacilantes e pegar uma máquina do tempo que me coloque frente a frente com a jovem que fui um dia. E teria uma longa conversa com ela.

Eu diria a ela que ela não é má. Que ela é apenas profunda, e que essa profundidade pode ser uma grande amiga, ou sua pior inimiga. Eu diria a ela que todas as meninas de 15 anos pensam o que ela pensa – ou coisa pior. Eu diria que ela não é culpada por seus pensamentos, que eles são apenas subprodutos de condicionamentos aos quais ela foi exposta. Que seus pais também estavam feridos, e que a culpa não é dela.

Se eu pudesse pegar uma máquina do tempo e estar frente a frente com minha eu da adolescência, me demoraria muito tempo explicando a ela o que estava acontecendo dentro dela do ponto de vista das mudanças de seu corpo e de sua alma. Diria a ela que ela não era suja por pensar tanto em sexo.

Eu teria com ela as conversas que os adultos nunca tinham coragem de ter. Eu a abraçaria e a ensinaria a se abraçar mais e a se julgar menos. Eu diria a ela que todas aquelas pessoas que pareciam superbem resolvidas por fora às vezes se sentem mortas por dentro. Diria que até as meninas mais bonitas, ricas e magras também tinham seus fantasmas. Que todos têm medo do futuro. Medo de ele ser ruim, mas também de ser bom e, um dia, sem mais nem menos, deixar de ser.

Eu diria a ela que a voz que fala na cabeça dela não diz a verdade.

Mas eu não posso pegar uma máquina do tempo e resgatar alguém que, se não tivesse sofrido o que sofreu, nunca teria se transformado no meu eu de agora. *Paradoxo temporal*: viajar no tempo para o passado, mudar alguma coisa e, com isso, mudar os acontecimentos futuros – fazer a ação que motivou a viagem no tempo não existir mais. Com isso, a própria viagem não existiria.

Mas se eu pudesse, quer dizer, se eu realmente pudesse voltar no tempo e dizer algo àquela menina, diria a ela que ela é exatamente como deveria ser – porque eu sou exatamente como devo ser. E não digo isso porque minha mente enfim se convenceu da minha bondade ou porque hoje não tenho mais pensamentos ruins que me fazem sofrer. Digo isso porque eu, finalmente, aprendi a enxergar a minha mente em ação e não mais ser uma refém dos meus pensamentos.

"Penso, logo não me deixam existir." Isso é o que eu diria a ela.

Dias de luta, dias de glória

Dante nasceu de um parto normal hospitalar cheio de intercorrências. Nenhuma delas foi grave, mas ele demorou a descer e eu passei cinco longas horas no período expulsivo, quando se faz de fato força para o bebê sair. Foram necessárias várias manobras e manipulações até o expulsivo finalmente engrenar e ele nascer.

Dante foi muito amado desde o primeiro momento. Nunca vou me esquecer do momento em que Gael chegou à maternidade e viu o irmão pela primeira vez. Quando ele entrou no quarto, parecia ter crescido meio metro. De repente ele era enorme, um mocinho. E foi o melhor irmão mais velho do mundo desde o primeiro dia.

Eu tinha muito medo de Gael se sentir rejeitado com o nascimento de Dante. Por isso, sempre tivemos o cuidado de incluí-lo em tudo que dissesse respeito ao irmão. Lembro que, assim que começamos a receber visitas, comprei uma caixa enorme de carrinhos *Hot Wheels* e sorrateiramente os enfiava nas sacolas de presente que Dante ganhava. Acho que acertamos, já que hoje, com 8 e 5 anos, eles são muito amigos e unidos. Nunca tivemos cenas de ciúmes ou desentendimentos sérios entre os dois, além do que é normal de acontecer em qualquer relacionamento humano.

Quando Dante estava com três meses, decidimos que seria muito bom que Gael passasse a ficar na escola em tempo integral, até as quatro da tarde. Assim ele teria companhia e atenção durante o dia e, quando chegasse em casa, teria toda a atenção para si em vez de dois pais exaustos de tanto fazer malabarismos com duas crianças pequenas em casa – e tendo que trabalhar. Dante tinha exatos três dias de vida quando participou de seu primeiro vídeo – eu simplesmente não podia me dar ao luxo de parar.

Mas a escola na qual Gael estava matriculado, em Embu das Artes, não oferecia o contraturno no período da tarde e nenhum tipo de suporte no que se referia à alimentação vegana. Por isso, dois dias antes de o ano letivo de 2019 começar, visitamos outra escola Waldorf, em Cotia, o Jardim dos Passarinhos – e foi amor à primeira vista.

No Jardim dos Passarinhos pude sentir, pela primeira vez, a força de uma comunidade escolar. Fiquei encantada com a possibilidade de fazer efetivamente parte da escola. Lá fomos verdadeiramente bem-vindos, quase como se eu me sentisse pertencente. O Jardim dos Passarinhos foi o ninho do qual tanto precisávamos naquele momento, e a dona da escola, coincidentemente chamada Gisele, nos recebeu de braços e coração abertos para aquela que seria uma das experiências mais mágicas de nossas vidas. Acho que ela nem imagina o quanto foi especial.

Eu estava emocionalmente em frangalhos. Hoje vejo que a depressão pós-parto era evidente, mas eu não conseguia aceitar esse diagnóstico.

Eu achava que era apenas uma fase. Uma fase escura, nebulosa, cheia de mal-estares, mas, ainda assim, uma fase. Eu tentava me manter otimista.

Meditava muito. Lia muito também. Mas não sabia lidar com meus momentos de escuridão interna.

Numa manhã de sábado, acordei inquieta. Levantei, tomei café e escovei os dentes, me sentindo acelerada e estranha. Resolvi tomar um banho; quando me olhei no espelho, vi o estado do meu cabelo e tive vontade de chorar. Ele estava imenso, ressecado, cheio de nós embaraçados, resultado de passar os últimos meses amarrado em um coque malfeito no alto da cabeça.

Decidi cortar as pontinhas. Peguei uma tesoura, comecei a cortar e não parei mais. Cortar o cabelo me parecia a melhor coisa a fazer e eu não conseguia parar; quando vi, ele tinha ido todo embora e eu estava com um corte "Joãozinho", bem curto. Ricardo e Gael ficaram sem palavras quando me viram sair do banheiro. Eles não entenderam nada – nem eu.

A depressão pós-parto é um mal silencioso. A culpa associada à tristeza e à desesperança típica dos processos depressivos é uma parte muito desafiadora desse diagnóstico. A sociedade romantiza a maternidade como uma alegria sem fim e um estado constante de gratidão, e isso cria uma expectativa de que as mães se sintam exclusivamente felizes após o nascimento de seus filhos.

Quando, ao invés de alegria e do êxtase, vem a tristeza, a ansiedade ou a exaustão, esses sentimentos tão complexos podem ser internalizados como sensação de fracasso pessoal, falta de gratidão e culpa, muita culpa. Esse sentimento de culpa não apenas dificulta a busca de ajuda profissional, mas também perpetua o estigma em torno da depressão pós-parto.

Eu relutava em falar sobre meus sentimentos, com medo de ser julgada – e, nas poucas vezes que o fiz, isso realmente aconteceu. Quando ousava explorar o que estava sentindo da forma como sabia fazer – por meio das redes sociais –, recebia comentários maldosos e covardes de pessoas que se escondiam atrás do teclado e, hoje sei, falavam mais de si mesmas do que de mim.

"Onde já se viu reclamar tanto de uma bênção como parir um filho – deveria se envergonhar!", me disse uma seguidora. "Estou em tratamento para engravidar há dois anos e fico me perguntando por que Deus me priva disso enquanto você reclama!", me disse outra. Uma vez, em um vídeo do YouTube, recebi um comentário que dizia que só quando acontecesse alguma coisa realmente grave na minha vida eu conseguiria ser grata pelo que eu tinha. "Você deveria parar de respirar agora mesmo" – era a frase final do seguidor.

Essa ideia não era minha desconhecida. Desde o nascimento de Dante eu vinha me preocupando muito com questões relativas à saúde – minha e dele. Quando ele tinha sete dias de vida, em uma consulta de pós-parto com minha obstetra, descobri que estava com hipertensão puerperal. Minha pressão, que sempre havia sido baixa, de repente estava em 17 por 14 e eu vivi momentos de pânico absoluto até a medicação fazer efeito e a pressão baixar. Eu morria de medo de ser internada e ficar separada de Dante, e os comentários que recebia nas redes sociais não ajudavam em nada.

Além disso, com menos de um mês de vida, Dante teve um quadro respiratório assustador, que exigiu uma consulta cheia de aspirações, manobras e muito choro com uma fisioterapeuta respiratória. O processo rendeu idas ao PS infantil no dia de Natal e na véspera do Ano-Novo. Eu estava vivendo com ele coisas que nunca tinha vivido com Gael – e me sentia enlouquecendo pela mais absoluta e aterrorizante falta de controle.

Foi por isso que o encontro que tivemos com o Jardim dos Passarinhos foi como receber um abraço quentinho e macio da existência. Pude aprender mais sobre Antroposofia e fiz as pazes com o cristianismo. Já tratávamos Gael havia anos na medicina antroposófica, e viver a pedagogia viva que é a pedagogia Waldorf me trouxe acalento, acolhimento e nutrição.

Mas a escola ficava longe, e Ricardo chegava a perder três horas inteiras do dia no vaivém de buscar e levar Gael por causa do trânsito na Rodovia Raposo Tavares, que liga os dois municípios. Seguindo mais uma vez os sinais, nos mudamos para o município de Carapicuíba, a exatos dez minutos da escola, para uma casa grande, com quintal e piscina, em um terreno em cujos fundos passava um rio.

Mal sabia eu que seria nessa casa, nesse quintal e nessa piscina que passaríamos o período mais marcante da vida de todos nós: a pandemia de covid-19. Mas eu teria uma crise de pânico e seria diagnosticada com transtorno de ansiedade generalizada antes de a pandemia chegar.

O dia em que o mundo parou de girar

Eu tinha começado a escrever um curso novo fazia alguns meses. O *LIBERTE-SE!* nasceu de meus estudos com Kris e Amana, e ensinar o que eu aprendia estava transformando minha relação com minhas emoções.

Eu tinha começado a entender – realmente entender – como a minha infância e minha vivência dos primeiros anos de vida vinham influenciando a minha vida por completo.

A inspiração para criar o novo curso não foi, necessariamente, uma real inspiração. Na verdade, eu precisava criar algo novo, para ser chamariz de vendas para mais um lançamento do Portal Despertar. Fazia anos que o portal de assinantes era o carro-chefe de meu trabalho online, a mola propulsora de nossa empresa e de nosso negócio. Mas o processo de conseguir novos assinantes para um produto com as características do Portal Despertar era muito desafiador e trabalhoso. Eu precisava criar algo que servisse tanto para a retenção dos assinantes antigos quanto para ganhar novos assinantes.

O *LIBERTE-SE!* surgiu como mais um argumento para gerar picos de vendas, da mesma forma que o documentário *AEXPERIÊNCIA*, mas acabou ditando os rumos de nossas vidas ao longo dos anos seguintes. Eu me via cada vez mais apaixonada pelo trabalho de Kris e Amana. Já tinha devorado todos os livros deles e me sentia dando mergulhos profundos em minha própria história de vida à medida que compreendia de que forma meus traumas infantis tinham pegado as rédeas de minha vida nas mãos. Eram eles, não eu, que ditavam as regras de minhas relações com o mundo.

Nossos traumas de infância têm um impacto significativo em nossa vida adulta, moldando nossos comportamentos, emoções, relacionamentos e perspectivas de mundo. Eu nunca tinha percebido de forma tão clara o quanto a "eu" adulta mais parecia a criança assustada e carente que tinha sido um dia do que qualquer outra coisa; de repente, tinha começado a notar o quanto eu fugia do que sentia, o quanto parecia ser uma pessoa que não me sentia sendo, o quanto eu ainda buscava o amor e a admiração das pessoas acima de qualquer outra coisa.

Escrevendo os roteiros e gravando os vídeos para o *LIBERTE-SE!*, me dei conta de muita coisa sobre mim que eu não sabia. O quanto tinha sido eficiente em criar estratégias e mecanismos artificiais para me esquivar de emoções que, no fundo no fundo, eram minhas velhas conhecidas. O que eu não percebia era que, ao me esquivar do que não queria sentir, acabava criando outros problemas e dores ainda maiores para minha vida.

Minhas experiências infantis haviam criado em mim padrões de pensamentos negativos. Elas afetavam meus relacionamentos com os outros, porque era difícil confiar. Eu vivia constantemente sob o medo de ser abandonada e tinha muita dificuldade em estabelecer limites – para os outros e para mim mesma. Tinha uma autoimagem distorcida, cheia de vergonha, culpa e sentimentos de inadequação. Eu sofria de uma autocrítica constante, e, quando as coisas não funcionavam como eu esperava, culpava a mim ou às pessoas mais próximas por todas as dores que sentia.

Até que, um dia, o mundo pareceu parar de girar.

Alguns meses depois de nos mudarmos, eu voltava para a casa nova da terapia que tinha começado a fazer com um psicólogo que me fora fortemente recomendado, o Alexandre Coimbra Amaral (ou Xande, como eu o chamava). Quando estávamos virando a esquina de casa, senti meu braço esquerdo adormecer –

{ Nossos traumas de infância têm um impacto significativo em nossa vida adulta, moldando nossos comportamentos, emoções, relacionamentos e perspectivas de mundo. }

e enlouqueci. Era um dia qualquer de inverno e eu havia passado a última meia hora gravando diversos áudios no celular, segurando o botãozinho do WhatsApp em uma época em que ele ainda não travava se o arrastássemos para cima. Provavelmente havia sido isso que tinha me trazido a sensação de formigamento no braço, mas saber disso racionalmente não me ajudou em nada. Eu tinha a nítida sensação de que, a qualquer momento, meu coração ia parar de bater e eu ia morrer.

Desesperada, implorei a Ricardo para irmos para São Paulo, enquanto eu decidia para qual pronto-socorro deveríamos seguir. De repente me lembrei de que tinha o número de uma psiquiatra que a pediatra de Dante já tinha me aconselhado consultar em suas primeiras semanas de vida. Mandei uma mensagem para ela, que tinha um horário livre para dali a uma hora. Em exatos 55 minutos estávamos sentados em sua sala de espera. Naquela mesma manhã recebi o diagnóstico de transtorno de ansiedade generalizada – TAG para os mais íntimos.

Comecei o tratamento medicamentoso imediatamente e os dias que levaram até a medicação fazer efeito foram os piores da minha vida. Eu me sentia mal o tempo todo. Tinha pensamentos horríveis – minha adolescente deprimida mais viva do que nunca dentro de mim. Às vezes eu tinha tanta certeza de que morreria durante a noite que abraçava Ricardo forte, enquanto minhas lágrimas molhavam o peito dele. Ele não sabia como me acolher melhor do que fazia, e o cafuné se transformou em uma linguagem silenciosa entre nós.

Eu olhava para Gael e Dante e sentia muita pena deles. Muita pena pelo que eles ainda viveriam na vida. Nesses momentos eu ganhava uma bola de cristal e nela eu via todas as rejeições, abandonos e mágoas que eles ainda enfrentariam um dia. Eu queria tanto poder proteger meus filhos de todas as dores pelas quais eu tinha passado! Mas meu DNA estragado estava neles, como uma sentença de morte e de sofrimento silencioso – como se fosse simplesmente impossível que a vida deles um dia fosse boa. Como se fosse simplesmente impossível eu ser uma boa mãe.

Além de tudo, eu me sentia uma farsa – ensinava autoconhecimento para os outros e não conseguia fazer merda nenhuma por mim mesma. Eu era uma grande impostora. Vivia de vender cursos sobre como se aceitar mais e estava caindo aos pedaços. E não tinha coragem de admitir para os meus seguidores que tudo aquilo que eu ensinava não tinha sido suficiente para me manter em pé. Eu temia ser julgada da mesma forma que me julgava.

De repente, eu havia me transformado num arremedo de pessoa que não sabia o que estava fazendo da própria vida, e que ganhava dinheiro dizendo aos outros o que fazer em suas vidas. Eu não era nada diferente de todos os outros gurus da internet, e me sentia profundamente envergonhada disso.

Como um hamster em uma roda, vi o ano de 2019 se transformar em 2020. Como um hamster em sua roda, ouvi as primeiras notícias sobre um vírus esquisito que tinha saído da China e se espalhado pela Europa. Como um hamster em uma roda, julguei exagerada a medida de cancelarem as aulas e fecharem as escolas. Vi o mundo ser tomado pela maior pandemia da história moderna. Como a peste negra, a varíola e o cólera, a covid-19 afetou o curso da história da humanidade.

Mas eu não preciso dizer isso, porque você também estava lá.

{ 8 }

EXISTE VIDA ANTES DE MORRER?

Diário,

    Volto aqui depois de muito tempo, mais por necessidade do que por vontade. É noite, quinta-feira, e eu estou sozinha em casa. Ultimamente tenho gostado desses momentos, em que apenas o luar e um maço de cigarros, que tenho cuidadosamente guardado debaixo da cama, me fazem companhia.
    Olho para o céu e penso se a vida realmente se esgota quando o fio de energia vital, que nos prende a esse invólucro carnal, simplesmente se esvai. É angustiante não ter com quem conversar sobre essas coisas.
É agonizante a sensação de que ninguém, absolutamente ninguém, entenderia.
    Às vezes me pego pensando que, quando nossa hora chega, não existem planos para o futuro, vontades nem desejos que nos façam permanecer por aqui. Chega a ser palpável, em alguns momentos, a sensação de que minha hora de partir está chegando. E a pergunta que não sai da minha cabeça é:
    Seria mesmo de todo mal?

> "O REAL QUESTIONAMENTO NÃO É SE EXISTE VIDA APÓS A MORTE. O VERDADEIRO QUESTIONAMENTO É SE VOCÊ VIVE ANTES DE MORRER."[6]
>
> OSHO

---

[6] OSHO. *Reflections on Khalil Gibran's The Prophet*. Tradução livre. Cap. 9. Osho Media International, 2009.

Ensinando o que eu não sabia fazer

Os primeiros casos de covid-19 no Brasil foram confirmados no fim de fevereiro de 2020, mas foi apenas no dia do aniversário de 37 anos da minha irmã, em 15 de março, que eu senti que a vida estava para mudar. Já presenciávamos o aumento do número de casos e as autoridades da saúde pública entraram em ação para conter a disseminação do vírus. Naquele dia, sentados na sala de seu apartamento, logo antes do parabéns, assistimos na televisão às primeiras notícias sobre distanciamento social, fechamento de escolas e estabelecimentos comerciais não essenciais, e a recomendação do uso de máscaras faciais.

Lembro de ter olhado para minha mãe, já idosa, sentada ao meu lado, e pensar: *Talvez eu fique muito tempo sem vê-la* – e foi preciso passar oito meses para que estivéssemos juntas novamente.

Dois dias depois, a escola de Gael fechou. No mercado, todas as pessoas usavam máscaras, e um arrepio percorreu minha espinha: estava acontecendo algo grave, realmente grave, e nós éramos personagens no drama que estava sendo escrito em tempo real.

Eu e Ricardo precisávamos conciliar trabalho e responsabilidades da casa com o cuidado das crianças. Foi natural decidir que Ricardo se ocuparia da casa e dos meninos e eu administraria todas as demandas de trabalho – afinal, as pessoas estavam abaladas emocionalmente e quase todas buscavam no mundo online uma forma de continuar vivendo suas vidas. No entanto, a despeito do quanto estávamos prosperando no trabalho e realmente fazendo a diferença na vida de pessoas em um momento tão delicado, eu vivia sentimentos remexidos e confusos.

Hoje, quando olho para trás e enxergo esse momento de minha vida em retrospectiva, parece bastante óbvio – e até mesmo adequado! – que eu me sentisse assim. Afinal de contas, estávamos vivendo a pandemia e a ideia da vacina ainda era apenas isso: uma ideia distante. Fazia meses que estávamos privados de contato humano, sem nenhuma rede de apoio para ajudar com os meninos, e nossa grande sorte era morar numa casa com um quintal grande e piscina.

Ricardo, criativo como ele só, inventou mil e uma coisas e transformou nosso quintal em um verdadeiro campo de atividades. Compramos um pula-pula, ganhamos um domo geodésico e instalamos até mesmo uma minitirolesa no quintal.

A despeito de estarmos bem – pelo menos o quanto era possível estar, diante de todo o contexto –, com muito trabalho rolando e perspectivas animadoras para o futuro, eu me sentia muito desconfortável com o fato de estar tomando medicações psiquiátricas sem que minha audiência na internet soubesse disso. Eu sentia como se estivesse enganando todo mundo, ensinando coisas que não conseguia praticar e precisando de um tipo de apoio medicamentoso que eu mesma não era capaz de oferecer às pessoas.

A sensação de ser uma farsa não era nova. Desde muito pequena eu havia me habituado a escolher cuidadosamente o que mostrava aos outros e o que escondia, buscando a aprovação e o reconhecimento a qualquer custo. Só que, quando eu os recebia, ao invés de me sentir feliz e legitimada, sentia medo de que as pessoas descobrissem todas as outras coisas que eu *também* era.

Na terapia com Xande, eu discutia muito sobre os limites da exposição na internet. Eu havia me acostumado tanto a viver meus dramas online, compartilhando tudo, indiscriminadamente, com as pessoas, que sentia culpa por estar tendo aquilo que eu chamava de "vida dupla". Do lado de fora, oferecia um caminho de autoconhecimento e autoconexão. Do lado de dentro, estava tomando medicamentos para conseguir levantar da cama todos os dias e tocar a vida da melhor forma que conseguia. Demorei uns bons meses para entender que o fato de eu não abrir completa e absolutamente a minha vida na internet não significava falsidade nem engodo contra ninguém.

Depois de tantos anos sendo acompanhada diariamente por milhares de pessoas, foi uma grande conquista perceber que eu tinha o direito de não revelar tudo o que se passava no meu interior – e Xande teve uma grande participação nisso.

Nessa época, os ensinamentos de Kris e Amana foram fonte de grande apoio emocional. O isolamento social, a incerteza em relação à saúde e ao futuro, o medo de perder pessoas queridas – tudo isso associado à desastrosa condução política do então governo e às centenas de milhares de mortos – representaram um grande trauma coletivo. Kris e Amana, por meio de seus ensinamentos, me ajudaram a organizar meu mundo interno e a meditação passou a ser parte integrante da minha rotina.

Por mais difícil que fosse, trabalhei muito para desenvolver a aceitação incondicional do que estava vivendo – é muito difícil, num primeiro momento, reconhecer a diferença entre aceitação e conformismo. No início parecem exatamente a mesma coisa, mas depois de um tempo você começa a perceber que são coisas completamente diferentes. Enquanto o conformismo é o final de um processo no qual já se tentou de tudo e, paciência, só resta se conformar, a aceitação marca o início de uma nova jornada. Aceitação é você dizer sim para o que é e, a partir desse sim, atuar para fazer o melhor possível.

Você ganha uma xícara de presente de alguém e não gosta dela, mas se conforma com o fato de que essa é a xícara que você ganhou e pronto. Você guarda a xícara no armário e todas as vezes que a vê pensa: "Que droga. Não queria ter que usar essa xícara, não gosto dela, mas fazer o quê?".

Aceitação significa pegar essa xícara nas mãos e decidir o que fazer com ela.

Você não gosta da xícara, mas essa é a xícara que você tem. Você pode pintá-la, ou talvez possa furar o fundo da xícara e fazer dela um vasinho para plantas.

Na verdade, qualquer jornada de transformação encontra sua pedra fundamental na arte da aceitação. Isso serve para xícaras, para grandes eventos traumáticos e para a maneira como enxergamos a nós mesmos.

Quando abraçamos com compaixão cada fragmento do que somos – nossas virtudes luminosas e nossas imperfeições escondidas –, desencadeamos uma revolução interior que reverbera em todas as esferas de nossas vidas. A aceitação nos liberta da autocrítica incessante. Ao reconhecer e abraçar nossas falhas, estamos tecendo as fibras da nossa humanidade em uma tapeçaria rica e complexa. Nesse espaço de aceitação, encontramos liberdade para crescer, aprender e nos reinventar.

Cada passo em direção à aceitação é um passo em direção à transformação profunda e duradoura, uma jornada por meio da qual nos tornamos os arquitetos da nossa própria vida e felicidade.

{ Ao reconhecer e abraçar nossas falhas, estamos tecendo as fibras da nossa humanidade em uma tapeçaria rica e complexa. Nesse espaço de aceitação, encontramos liberdade para crescer, aprender e nos reinventar. }

Quando o mundo gira ao contrário

Ao mesmo tempo que o mundo caía sobre nossas cabeças, eu me sentia caminhando a passos largos no caminho da recuperação da ansiedade. Na terapia, obtinha o fortalecimento necessário para descolar a Flavia "CPF" da Flavia "CNPJ".

Eu ainda me sentia profundamente aprisionada pelas expectativas das pessoas a meu respeito e na obrigação de corresponder a tudo o que enxergavam em mim. Não tinha tanta clareza sobre isso na época, mas meus seguidores e alunos eram apenas representantes atuais do que meus pais haviam sido um dia na minha vida. Pessoas a quem eu tinha que agradar, agradar e agradar.

O vício em agradar as pessoas tinha raízes psicológicas que se misturavam com a minha própria história e atrapalhava diversas áreas da minha vida. Eu sentia que minha autoestima dependia inteiramente da opinião das pessoas que me acompanhavam na internet, e muitas vezes escondia minha vontade de me manifestar mais sobre temas mais polêmicos – em especial sobre política. A autenticidade, uma de minhas características mais marcantes, que havia conquistado o coração de centenas de milhares de pessoas nos últimos anos, minguava por detrás de uma máscara social que um dia eu vesti e da qual estava tendo muita dificuldade em me livrar.

É um tanto nebuloso olhar, em retrospectiva, para essa época. Eu me lembro de acordar muito cedo, quase todos os dias, enquanto ainda era de noite, e ir para a esteira fazer uma hora de caminhada. Quando terminava, os primeiros raios do sol estavam saindo por detrás das altas montanhas que formavam um vale à nossa volta. Lembro do nevoeiro que cobria o quintal nesses primeiros momentos do dia. Lembro de me sentar no balanço de madeira que

Ricardo tinha instalado para as crianças em uma árvore muito alta. Eu fechava os olhos e meditava sabendo que não precisava colocar um timer no relógio para encerrar a prática, porque mais cedo ou mais tarde ouviria o chorinho de Dante lá em cima, no meu quarto, querendo mamar.

Lembro de trabalhar muito nessa época. Em parte, porque existia uma demanda real de pessoas passando por dificuldades emocionais, e eu sentia que podia ajudá-las com meus conteúdos online. Mas, para além disso, o trabalho havia se transformado na minha própria tábua de salvação contra os meus sentimentos de insegurança, imprevisibilidade e falta de controle – agravados pelo contexto da pandemia. Naquele momento, era como se a fome e a vontade de comer houvessem se encontrado: as pessoas precisavam do meu trabalho e eu precisava de pessoas que precisassem de mim, o que me mantinha ocupada demais para perceber que, à minha volta, o mundo parecia girar ao contrário.

Eu achava que estava me curando da ansiedade, mas tudo o que fazia era alimentá-la. A medicação continha os sintomas físicos, mas não meus pensamentos. Eu vivia em hipervigilância constante, em estado de alerta, sempre procurando possíveis ameaças e riscos, o que não faltava em meio à pandemia. Se Ricardo voltasse do mercado e não fosse imediatamente para o banho, ou tossisse de um jeito meio esquisito, eu entrava em um ciclo de pensamentos obsessivos sobre tudo o que poderia acontecer se ele, eu ou os meninos ficássemos doentes.

Além disso, por mais que o trabalho andasse de vento em popa, cada nova iniciativa que eu tomava era fonte de angústia e estresse; parecia que eu só conseguia prever resultados negativos ou catastróficos. Meus pensamentos se centravam em cenários negativos que se repetiam na minha cabeça, em uma ruminação mental constante sobre problemas reais ou imaginários. Eu sentia a minha energia mental sendo drenada pelas preocupações, e não conseguia enxergar com clareza soluções eficazes para meus supostos problemas.

A catastrofização, tão característica da ansiedade, era o que mais me perturbava. Vivíamos um momento em que obviamente a preocupação com a saúde transcendia a minha vivência individual, mas não se restringia ao medo de pegar covid. Se Gael sentia uma dor na perna, eu colocava na cabeça que era um sintoma inicial de alguma doença grave, ia pesquisar no Google e, obviamente, encontrava a palavra "câncer" mais cedo ou mais tarde. Se Dante aparecia com um pequeno hematoma no braço, eu cismava que era algo mais sério e lá estava eu, mais cedo ou mais tarde, conhecendo a história de uma criança pequena que começou com um roxinho na perna e terminou em estado vegetativo, numa cama de hospital.

Racionalmente sabia que estava exagerando, mas não conseguia me controlar; eu ampliava a importância dos sintomas, imaginando os piores cenários possíveis. Tinha plena consciência de que estava distorcendo a realidade, focando nos aspectos negativos e ignorando os positivos. Mas simplesmente não conseguia fazer diferente. Por mais que Ricardo procurasse me ajudar, me trazendo de volta para a realidade objetiva à minha volta, quando eu menos esperava vinha a imagem de um dos meus filhos careca, com olheiras profundas, em uma cama de hospital.

Além disso, minha autocrítica excessiva criava padrões elevados para mim mesma: eu era excessivamente crítica em relação a tudo, e não apenas quanto ao que eu fazia, mas também com meu time de trabalho. As coisas nunca estavam boas o suficiente para mim; às vezes, penso que as pessoas que trabalhavam comigo foram anjos, que permaneceram comigo em uma época em que, se pudesse, eu mesma teria me abandonado.

O medo de enlouquecer

O Brasil é o país campeão mundial em casos de ansiedade, o que faz dela uma questão de saúde pública. Dados estatísticos indicam que milhões de brasileiros sofrem com algum tipo de transtorno de ansiedade, como transtorno de ansiedade generalizada, transtorno do pânico, fobias e transtorno de estresse pós-traumático.

Sentimentos intensos e persistentes de ansiedade, preocupação e medo, muitas vezes acompanhados por sintomas físicos, como palpitações, tremores, sudorese e tensão muscular – se você fizer uma pesquisa rápida, vai ver que a maior parte das pessoas já experimentou algo assim ao longo dos últimos anos. A ansiedade afeta significativamente nossa qualidade de vida e interfere de maneira profunda em nossas atividades diárias.

Vários fatores contribuem para o cenário do transtorno de ansiedade no Brasil; o estresse e as pressões sociais, a urbanização acelerada, o aumento da competição no mercado de trabalho, a desigualdade social e mudanças nas relações sociais são fatores que contribuem para nossos altos níveis de estresse e ansiedade. Além disso, questões de segurança pública e a exposição frequente à violência podem aumentar os níveis de ansiedade, especialmente em áreas urbanas mais afetadas por esses problemas.

Infelizmente, muitas pessoas não recebem o tratamento adequado devido a uma série de fatores, incluindo estigma, dificuldade no acesso a serviços de saúde mental e falta de conscientização sobre a importância do tratamento. A oferta de serviços de saúde mental no Brasil é insuficiente para atender à demanda e muitas regiões carecem de profissionais de saúde mental e de recursos para tratamento adequado.

O medo do julgamento social também atrapalha na busca por tratamento, e o estigma social associado aos transtornos de ansiedade e outras doenças mentais desempenha um papel significativo na decisão de buscar ou não tratamento. Eu mesma me sentia extremamente envergonhada e culpada, como se o transtorno de ansiedade fosse um sinal de fraqueza. Essa percepção negativa de mim mesma tornou muito difícil admitir que eu estava enfrentando um problema de saúde mental e buscasse ajuda. Precisei de um braço esquerdo formigando e do medo de estar tendo um infarto para fazer isso.

Nós vivemos em uma sociedade tão desajustada e doente que sentimos medo de sermos julgados ou mal compreendidos se revelarmos que temos problemas desse tipo. Um dos maiores medos do ser humano é enlouquecer, e é muito difícil não acreditar que é exatamente isso que está acontecendo quando você se torna refém de pensamentos e sentimentos que o dominam e aprisionam, e as pessoas à sua volta simplesmente não entendem ou não sabem como ajudar nos momentos de crise.

Ricardo era absolutamente inútil nesses momentos. Ele tentava contra-argumentar e me convencer, pela lógica, de que estava tudo bem. Os meninos estavam saudáveis. Nós estávamos saudáveis. O trabalho estava indo bem, e o que eu sentia era provavelmente apenas uma gastrite, não os sintomas iniciais de um câncer de estômago que me mataria em alguns meses. Mas não era disso que eu precisava. Eu precisava de um abraço e de silêncio. Não precisava de ninguém que alimentasse ainda mais a minha certeza de estar enlouquecendo, porque eu sabia que o que ele dizia fazia sentido. Mas o que eu sentia era uma coisa completamente diferente. E eu não conseguia deixar de sentir.

A falta de conhecimento sobre saúde mental é uma das coisas que mais contribuem para que as pessoas demorem anos para buscar ajuda. Muitas pessoas não entendem completamente o que é a ansiedade e como ela pode afetar alguém, o que alimenta a crença

{ Nós vivemos em uma sociedade tão desajustada e doente que sentimos medo de sermos julgados ou mal compreendidos se revelarmos que temos problemas desse tipo. }

de que pode ser superada simplesmente por força de vontade, sem a necessidade de tratamento profissional.

Para combater o estigma associado aos transtornos de ansiedade e outras condições de saúde mental, é crucial promover a conscientização, a educação e a empatia. Quanto mais a sociedade compreender e normalizar a experiência das pessoas com ansiedade, mais pessoas se sentirão encorajadas a buscar ajuda e a receber o tratamento necessário.

Esse foi um dos motivos pelos quais eu, finalmente, admiti publicamente que estava em tratamento para a ansiedade.

{ 9 }

O MISTÉRIO
DO CORPO

Diário,

    No início deste ano eu perdi quinze quilos. Voltei para a escola e as pessoas não me reconheceram. Ao contrário do que sempre imaginei que aconteceria quando as pessoas enfim me olhassem com admiração, não me senti feliz. Pelo contrário: fiquei com raiva.

    Por que as meninas que antes me ignoravam agora me chamam para ficar com elas no intervalo? E os meninos? Antes eles me faziam confidências sobre as minhas amigas com quem queriam ficar. Agora fazem brincadeirinhas bobas que, eu sei, têm um fundo de verdade.

    Parece que eu mudei porque perdi peso. E eu mudei mesmo, mas só do lado de fora. Do lado de dentro, continuo exatamente a mesma. Fico pensando quando alguém vai aparecer, me olhar nos olhos e realmente me enxergar por debaixo de tudo isso que eu mostro ser.

    Perdi quinze quilos e, junto com eles, perdi a ingenuidade. Ninguém, diário, ninguém realmente se importa comigo. Nem minhas amigas de antes. Nem essas novas amigas. Nem os meninos, que eu julgava serem meus amigos.

    Nem essa escola, essa escola idiota.

    Eu me esforcei tanto para ser boa e merecer esse amor, e falhei. Mas foi só emagrecer para ter tudo, tudo isso. Às vezes eu odeio o fato de ter emagrecido.

    Meu corpo menor só me mostrou que meu vazio é maior.

" O CORPO É O MAIOR MISTÉRIO DE TODA A EXISTÊNCIA."

OSHO

O caminho para fora é através

Prem Rani. Rainha do Amor.

 Às vezes eu me esquecia de meu *sannyas*, mas Upadhi sempre acabava surgindo em meus pensamentos como uma referência positiva a meu próprio respeito. Upadhi era sábia. Para mim, uma mestra iluminada. Eu sorria só de pensar nela e meu *sannyas* tinha saído de sua percepção sobre mim. Nunca tentei enganar Upadhi; muito pelo contrário, talvez ela fosse uma das pessoas que mais conheciam meu lado sombrio.

 E mesmo assim ela tinha me "batizado" com o *sannyas* de Rainha do Amor algum tempo antes, quando estava no início da gestação de Dante e fui para a Osheanic para uma nova temporada de treinamentos em OPH®. A cerimônia de recebimento de *sannyas* é um ritual espiritual em algumas tradições religiosas e filosofias orientais; *sannyas* é um termo sânscrito que se refere a uma forma de renúncia voluntária do mundo material em busca da iluminação espiritual. É um compromisso sério e profundo para com o mestre. Ao receber o *sannyas*, o mestre entra no seu coração e passa a seguir com você, guiando e inspirando suas ações.

 Por mais que Upadhi tivesse me batizado como Rainha do Amor, faltava muito para começar a me amar de verdade – mas, olhando em retrospectiva, quando penso nos anos da pandemia e em especial naquele primeiro ano, percebo que o amor pelo meu próprio corpo começou a ser cultivado ali. E não apenas porque era ele, o corpo, quem estava em perigo diante daquele vírus mortal, mas porque, quanto mais me aprofundava nos ensinamentos de Kris e Amana, mais eu me via diante da inevitabilidade de ter que tomar um contato mais profundo com meu corpo.

E isso era difícil.

Eu havia ganhado peso com o início da medicação psiquiátrica e estava profundamente descontente comigo. O transtorno alimentar que me fizera companhia durante toda a adolescência e início da idade adulta novamente batia em minha porta – não por meio de atitudes, jejuns e dietas malucas, mas dos meus pensamentos.

Além disso, minha libido, que já não era a mesma desde o nascimento de Gael, tinha quase totalmente desaparecido. Eu não tinha vontade nenhuma de ter relações com Ricardo e ficamos quase um ano sem sexo depois que Dante nasceu. Mais uma vez, meus pensamentos me perturbavam: "Ele é homem. Mais cedo ou mais tarde vai procurar outra pessoa. Eu deveria fazer um esforço", pensava, muitas vezes. Mas não sentia vontade nenhuma de explorar meu corpo dessa maneira.

Eu sentia que meu corpo estava congelado.

Ao mesmo tempo, Kris e Amana Trobe me diziam, o tempo todo, em seus livros e ensinamentos: "Volte para o corpo. Faça morada no sentir. O único caminho para fora da dor é através dela".

Eu vivia um grande paradoxo; por um lado, Kris e Amana me diziam "volte para o corpo". Por outro, o contexto da pandemia tornava o corpo um lugar perigoso de estar, porque era vulnerável a um vírus potencialmente letal que estava matando centenas de milhares de pessoas ao redor do mundo. O histórico de ganho e perda de peso influenciava minha forma de experimentar isso tudo, além das preocupações sobre saúde e doença, potencializadas pela pandemia.

Kris e Amana diziam que era seguro sentir. Que a resposta para meus dilemas mentais não estaria na mente – na verdade, minha mente era a causa do problema. Ela partia de pressupostos e entendimentos antigos, cheios de pó e de mofo. Meu corpo era o inimigo, não um aliado de guerra. E que guerra era essa, afinal de contas? O que eu queria provar? E para quem queria provar?

Entre uma reflexão e outra, eu era uma mãe exausta amamentando um bebê e trabalhando incessantemente. Era exaustivo, mas eu não enxergava outras possibilidades. O hamster precisava continuar girando a roda. Girando a roda. Girando a roda.

E eu girava.

Lutando ou fugindo?

É muito comum que algumas vivências traumáticas afetem significativamente nossa capacidade de criar, armazenar e recuperar memórias. Durante um evento traumático, o cérebro está sobrecarregado pelo estresse e pela ameaça percebida, o que interfere em sua capacidade de processar e codificar as informações desse evento de maneira eficaz.

Como resultado, os detalhes da experiência podem não ser adequadamente armazenados na memória de longo prazo. É por isso que, quando penso nos primeiros meses da pandemia, as memórias se apresentam de forma nebulosa.

E é exatamente por isso que nem sempre – na verdade quase nunca – temos lembranças vívidas dos eventos traumáticos de nossas vidas.

Além de toda uma fisiologia que não favorece a formação, o armazenamento nem a recuperação dos fatos envolvidos no momento em que o trauma aconteceu, em algumas situações o cérebro pode fragmentar a memória em pedaços desconectados como uma forma de proteção. Isso cria lacunas, difíceis de serem organizadas em uma narrativa coesa.

Em casos mais graves, podemos até mesmo experimentar o que é chamado de "amnésia dissociativa" em resposta a um trauma. Nesse caso, a mente se desconecta da experiência traumática para nos proteger da dor emocional. Algumas pessoas também podem experimentar memórias intrusivas, quando fragmentos do evento traumático são lembrados de forma involuntária e repetitiva. Essas memórias podem ser acionadas por gatilhos emocionais ou situacionais.

Algumas pessoas podem, ainda, ter memórias sensório-emocionais muito vívidas e detalhadas de eventos traumáticos, nas quais os aspectos sensoriais e emocionais da experiência são retidos de maneira intensa, mesmo que os detalhes cognitivos possam ser menos claros.

Existe uma infinidade de estudiosos ao redor do mundo todo pesquisando o trauma e suas consequências em todas as esferas de nossas vidas. Dentre todas as descobertas realizadas nos últimos anos, há um consenso no entendimento de que o trauma não necessariamente se refere sempre a eventos grandiosos, como sobreviver a uma guerra ou passar por uma experiência de abuso sexual. O trauma está na vida cotidiana, e diz menos sobre o que acontece *com você* e mais sobre o que acontece *dentro de você*.

Desde o início do meu relacionamento com Ricardo, existia uma dinâmica que me incomodava profundamente. Ricardo é uma pessoa mais introspectiva, calado, na dele. Além disso, é muito distraído, daqueles para quem manter "um olho no peixe e outro no gato" às vezes é difícil. Ao longo de todos os anos em que estamos juntos, sempre houve uma queixa constante de minha parte, que era a dificuldade de aprofundarmos nossas conversas.

Quando éramos só nós dois, antes de os meninos nascerem, frequentemente viajávamos para dar workshops, cursos e treinamentos em diversas cidades. Quando tínhamos que pegar longas horas de estrada, inevitavelmente acontecia uma situação que despertava sentimentos intensos de desconforto e irritação em mim: eu puxava um assunto e ele simplesmente não evoluía, seja porque Ricardo dava o que considerava ser a devida atenção, seja porque suas contribuições pareciam desinteressadas e meramente casuais. Quando isso acontecia, dependendo do momento (e geralmente do meu período no ciclo menstrual), eu me sentia completamente irada ou profundamente triste.

Ricardo dizia que não era por mal, que ele estava prestando atenção na estrada, que, agora que sabia que o assunto que eu estava puxando era importante para mim, prestaria mais atenção. No entanto, dentro da minha mente uma voz gritava que ele não estava me dando a mínima e que o que eu dizia não importava para ele. E eu reagia de acordo: atacando ou fugindo.

De modo geral, sempre fui uma pessoa muito reativa. Sempre fui mais conhecida por meus rompantes de agressividade do que pelos meus belos olhos, e a percepção de minhas reações emocionais desproporcionais sempre me trouxe muito arrependimento, culpa e vergonha. Ao longo dos anos, desenvolvi estratégias de comunicação totalmente passivo-agressivas, por meio das quais eu brincava com coisa séria e dizia verdades difíceis de engolir por meio de piadas e jogos de palavras. Eu sabia que estava sendo dissimulada na minha forma de agir e falar, mas não conseguia fazer diferente.

Em meus estudos, Kris e Amana diziam que a reatividade é um dos recursos que nossa criança traumatizada usa para ser notada. A necessidade de controle, de agradar a todos, o pensamento mágico que nos faz acreditar que basta sermos bons para vivermos coisas boas e a sensação de ter o direito de receber do mundo aquilo que queremos são outros meios de essa criança, profundamente ferida, se manifestar em nossas vidas.

De acordo com os autores, esses comportamentos acontecem porque nosso sistema nervoso é ativado por um gatilho e passa a funcionar visando à luta ou à fuga da situação aversiva que se apresentou. Nossa cura reside no minúsculo espaço de tempo que existe entre essa ativação ocorrer e respondermos compulsiva e mecanicamente a ela. Eles diziam: "Volte para o corpo". A pergunta não deveria ser: "Por que estou sentindo isso?", e sim: "Onde estou sentindo isso?".

Nós somos completamente analfabetos emocionalmente. Quando nos perguntam sobre o que sentimos, talvez nossa primeira resposta tenda a ser "nada", "fiquei feliz" ou "fiquei triste". Dificilmente temos letramento emocional suficiente para sermos capazes de diferenciar a raiva do sentimento de irritabilidade, hostilidade ou ódio – e todos eles existem e são legítimos. Não sabemos nem ao menos a diferença entre emoções e sentimentos – e assim seguimos, centrados na mente, buscando o porquê das coisas sem nem ao menos nos perguntarmos como as coisas acontecem dentro de nós.

Nosso analfabetismo emocional é justificado; nunca fomos ensinados a conhecer nosso mundo interno. Sobrecarregados por um sistema de crenças, valores e condicionamentos que preza pela felicidade duradoura e sem limites, nem ao menos nos parece lógico abrir espaço para tomar contato com emoções desagradáveis como a inveja, a inferioridade e a culpa. Diante do menor sinal de desconforto, a primeira coisa que fazemos é tentar "des-sentir"; a segunda, geralmente, é tentar entender o porquê de sentirmos o que estamos sentindo.

Como poderíamos aprender a dar um nome mais adequado e assertivo para nossas emoções se nunca aprendemos nada sobre isso, nem em casa nem na escola? Os adultos da nossa infância também eram analfabetos emocionais, nascidos na era pré-internet, em que não tinham acesso à quantidade de informação que temos hoje. Como poderiam eles nos ensinar algo que eles próprios não sabiam?

A cura acontece no delta de tempo entre o estímulo ambiental e a resposta emocional – eu estava cansada de ler e estudar sobre isso e já tinha conseguido dar passos significativos na direção de adentrar meu espaço interno e tocar a vida através de dedos invisíveis que existiam da pele para dentro de mim. Mas eu nunca tinha, de fato, experimentado essa possibilidade no que se referia a essa dinâmica com Ricardo, que tanto me irritava e magoava.

Até que um dia, diante de mais uma repetição do padrão *falo alguma coisa e Ricardo não continua o assunto*, me peguei nesse delta de tempo. Percebi conscientemente a energia da raiva e do rancor crescendo dentro de mim e se movendo na direção da minha boca, prestes a ser *vomitada* sobre ele por meio de mais uma alfinetada passivo-agressiva. E, no momento em que me percebi nesse lugar, me dei conta de que eu *podia* dar uma pausa.

Fechei os olhos e busquei entrar em contato com o que sentia. Num primeiro momento a raiva parecia grande demais, como se não coubesse dentro de mim. Como se fosse insuportável estar na presença dela. E, me lembrando dos ensinamentos de Osho, Upadhi, Kris e Amana, respirei intencionando abrir espaço para essa emoção, fazendo companhia a ela em vez de lutar para que ela deixasse de existir.

E, como num passe de mágica, me vi teletransportada para a sala de jantar da casa dos meus pais, quando eles ainda eram casados e eu tinha por volta de 11 ou 12 anos. Até hoje, se fechar os olhos, consigo me lembrar de detalhes da cena, como o lustre de vitrais coloridos ou a cor da toalha de mesa. Foi tão impactante ter me conectado com essa memória que, no mesmo instante, me distanciei de Ricardo e busquei um espaço seguro para experimentar o que, mais tarde eu saberia, seria uma das vivências de reconciliação com o meu passado mais profundas e curativas que já experimentei.

A cena se passava em uma noite de inverno. Eu tinha um prato de sopa na minha frente, mas não queria tomar. Nunca gostei de sopa, sempre tive um paladar mais atraído por coisas mastigáveis, e por anos brinquei que se era de beber não era comida, e sim bebida. Na minha lembrança eu vivia uma angústia profunda e uma frustração enorme por estar sendo obrigada a comer algo de que não gostava. Mas nem a angústia nem a frustração eram os sentimentos mais presentes naquela lembrança.

Eu me sentia impotente.

Meu pai sempre foi uma pessoa muito explosiva. Descendente de italianos calabreses, sempre pecou mais pelo que falava do que pelo que calava. Suas viradas de chave emocionais eram intensas e imprevisíveis. Ele estava lá, fazendo piada sobre algo, e de repente estava batendo o punho na mesa, vermelho como um tomate e vociferando a quem quisesse ouvir, para logo depois voltar a ser o homem sorridente e gentil do qual eu nem conseguia me lembrar alguns minutos antes.

Além de explosivo, meu pai tinha outro grande defeito: ele amava sopa. Nas noites de inverno, sopa era o que ele queria no jantar e sopa era o que ele tinha. Não adiantava eu dizer nada. Não interessava o que eu queria, nossa casa era "tudo menos uma democracia, onde manda quem pode e obedece quem tem juízo" – como ele mesmo gostava de dizer. O que eu queria ou dizia não era importante.

Eu não me sentia sendo ouvida.

Ter me dado conta de que Ricardo e sua falta de continuidade dos assuntos eram apenas um gatilho, um elemento do momento presente que cutucava a antiga dor de não ser ouvida, me levou a uma crise de choro sem precedentes. Me encolhi, chorei e solucei como poucas vezes na vida.

E eu chorava por tudo: por compaixão com a criança que fui um dia, que se sentia assim e que levaria essa dor por mais trinta anos. De tristeza, ao perceber que essa sensação estava presente em diversos outros contextos na minha vida. De raiva do autoritarismo de meu pai. E de gratidão, porque o desejo de ser ouvida me levou a lugares maravilhosos na vida, mobilizando iniciativas como começar meu canal no YouTube e ter, então, começado a dar aulas.

De lá para cá, passados alguns anos, Ricardo continua sendo o mesmo, mas eu mudei. Não encaro mais esses comportamentos como descaso, falta de interesse ou rejeição. Quando me incomodo com isso, geralmente pergunto: "Mô, é a terceira tentativa de puxar assunto, você não está na vibe de conversar?".

Quando eu era criança, não tinha a clareza nem o entendimento necessários para comunicar ao meu pai o quanto me sentia desimportante com suas atitudes. Hoje, como adulta, consigo proporcionar à minha criança interna aquilo que, no fundo no fundo, ela sempre quis: um adulto que estivesse atento e a respeitasse em sua individualidade. Nunca imaginei que esse adulto fosse, no final das contas, ser eu mesma.

Cura é o que acontece entre o gatilho e a resposta. E, naquela noite fria de inverno, uma cura aconteceu.

{10}

EFICIENTES E INFELIZES

Querido diário,

Existe algo dentro de mim que não sei direito o que é. Um misto de alegria e tristeza, dor e prazer, impotência e poder.

Eu insisto em entender meus sentimentos, mas eles me carregam nas costas como um cavalo selvagem que galopa pelas planícies. Galopa, galopa, galopa... Todo aquele frio no estômago e a sensação de aventura. Mas não chega em nenhum lugar.

Minha vida mudou muito nos últimos tempos. Fiz 16 anos. Sempre quis ter 16 — não lembro por quê, mas essa idade parecia ser especial. Não me sinto especial. Eu me sinto cansada.

Estou cansada, cansada de muita coisa que vem acontecendo e que eu pacientemente venho guardando para mim. Como uma gaveta, em que vamos guardando as roupas, e guardando e guardando... Uma hora a gaveta não fecha. As meias pulam para fora. As camisetas ficam amassadas e não podem ser usadas.

Eu sou essa gaveta abarrotada, montada em um cavalo selvagem que galopa, e galopa, e galopa, sem nunca poder parar; sem nunca poder chegar.

Não sei até quando vou conseguir me equilibrar sem cair.

Fazendo parte das estatísticas

Em outubro de 2020, depois de um ano e meio em tratamento para o transtorno de ansiedade generalizada, recebi alta do medicamento. Quando a médica me disse que achava que podíamos começar a tirar a medicação, não hesitei em concordar. Olhando hoje, em retrospectiva, percebo claramente que não era o momento de interromper a medicação – mas eu só saberia disso alguns meses depois.

O desmame correto de medicações para tratar a ansiedade é uma etapa fundamental no processo de recuperação e a interrupção inadequada pode levar a recaídas e complicações. Ao interromper o uso desses medicamentos, é preciso levar em consideração que o organismo se adaptou à presença das substâncias, e a interrupção abrupta pode resultar em sintomas de abstinência, como ansiedade intensa, insônia, irritabilidade e até convulsões. O desmame gradual permite ao corpo se ajustar lentamente às mudanças na dosagem.

Além disso, o desmame adequado proporciona uma transição mais suave para o sistema nervoso, minimizando flutuações bruscas nos níveis de neurotransmissores, mas uma das principais razões para o desmame gradual é a prevenção de recaídas. Interrupções abruptas nos medicamentos são capazes de desencadear um retorno rápido dos sintomas de ansiedade, que podem ser ainda mais intensos do que antes. Isso ocorre porque o sistema nervoso pode se tornar mais sensível aos estímulos ansiosos após a interrupção repentina do tratamento.

Foi exatamente isso que aconteceu comigo.

Eu não estava pronta para parar de tomar o remédio. Havia parado com a terapia no início da pandemia, então pouco refleti sobre se me sentia pronta para dar conta de mim mesma sem o apoio das medicações. Além disso, por mais que os sintomas da ansiedade tivessem diminuído muito, meus pensamentos ainda giravam em círculos, em ciclos de obsessão. Ainda era bastante comum me preocupar demais com sintomas de doenças, mas eu me enganava dizendo que isso era absolutamente normal levando em consideração a tragédia global que estávamos vivendo com a pandemia.

Por outro lado, a médica que me acompanhava na época era especialista em puérperas, não em ansiedade, e o desmame não aconteceu da forma lenta e gradual que seria o recomendado. Até hoje guardo a certeza de ter feito exatamente o que ela disse, por mais que, meses depois, ela tenha me dito o contrário. Na verdade, hoje vejo que talvez ela não fosse a pessoa mais indicada para fazer esse acompanhamento, e isso é, infelizmente, muito comum.

A colaboração estreita entre o paciente e o profissional de saúde é imprescindível para interromper o uso de um psicofármaco. É um processo estabelecido em comum acordo, durante o qual os sintomas vão sendo monitorados e o processo vai sendo ajustado conforme necessário. A ideia é que o paciente se sinta ouvido e compreendido no processo – e eu não me sentia nem uma coisa nem outra.

Percebo ter sido bastante imatura no processo de entendimento do que estava acontecendo comigo. Na verdade, eu mesma, na condição de profissional de saúde mental, não dava a devida importância ao processo de recuperação do transtorno de ansiedade. Tal como uma dor de estômago requer a investigação das causas e eventuais mudanças de hábitos cotidianos, o tratamento para ansiedade não consiste apenas na remoção de sintomas. É preciso entender quais contingências e variáveis estão por trás da ansiedade. É preciso compreender a ansiedade como a febre em um processo infeccioso. Não se trata apenas de baixar a temperatura, mas de identificar a causa e trabalhar os fatores que deram o *start* no processo.

{ O tratamento para ansiedade não consiste apenas na remoção de sintomas. Não se trata apenas de baixar a temperatura, mas de identificar a causa e trabalhar os fatores que deram o start no processo. }

De novo, nem uma coisa nem outra. No fundo no fundo, eu tinha o pensamento mágico de achar que minha jornada de recuperação da ansiedade seria aquilo: "Oi, medicamento! Tchau, ansiedade!".

Eu não poderia estar mais enganada. As taxas de recaída no tratamento para ansiedade variam de acordo com vários fatores, como o tipo de abordagem terapêutica utilizada, a gravidade do transtorno, a duração do tratamento e outros fatores individuais. Geralmente, estima-se que cerca de 30% a 50% das pessoas com transtorno de ansiedade experimentem recaídas após um período inicial de melhora.

Infelizmente, fiz parte dessas estatísticas.

" A SOCIEDADE NÃO ESTÁ INTERESSADA EM SUA FELICIDADE: A SOCIEDADE ESTÁ INTERESSADA EM SUA PRÓPRIA EFICIÊNCIA. A SOCIEDADE NÃO SE IMPORTA SE VOCÊ ESTÁ EM ÊXTASE OU NÃO – ISSO NÃO É DA CONTA DELA. A SOCIEDADE QUER QUE VOCÊ SEJA APENAS UM MECANISMO EFICIENTE, UM ROBÔ [...]. UM HOMEM FELIZ NUNCA É UM PERFECCIONISTA. SÓ AS PESSOAS INFELIZES SÃO PERFECCIONISTAS, SÓ AS PESSOAS INFELIZES SÃO OBCECADAS COM O SEU TRABALHO – PORQUE ESSA É A ÚNICA MANEIRA DE EVITAREM A SI MESMAS, DE SE ENFRENTAREM, DE SE ENCONTRAREM CONSIGO MESMAS."[7]

OSHO

---

[7] OSHO. *A Sudden Clash of Thunder Rajneesh Foundation*. Tradução livre. Osho Intl., 1977.

Xeque-mate

Percebi os primeiros sintomas da ansiedade voltando em novembro de 2020. Depois de quase um ano, continuar morando onde estávamos não fazia o menor sentido. Pagávamos um valor absurdo de aluguel, a casa era velha e vivia dando trabalho, e, para completar, estávamos vivendo um verdadeiro transtorno com uma reforma que os vizinhos tinham começado no início da pandemia, que se arrastara por todo o ano de 2020 e não tinha previsão de terminar tão cedo.

Um belo dia, sem que eu pudesse esperar por isso, Ricardo me disse: "E se fôssemos morar em Ilhabela?". Num primeiro momento eu ri, achando que ele estava brincando. Ricardo não gostava de praia. Por que raios moraríamos na praia?

Além disso, eu achava que já tinha vivido experiências de morar em Ilhabela demais para uma única vida – e todas elas acabaram mal, muito mal, com corações partidos e promessas de "nunca mais piso em Ilhabela". Amor e ódio – muito provavelmente essa é a melhor expressão para definir minha relação com esse município do litoral norte de São Paulo onde eu passara a infância e a adolescência.

Naquele momento, porém, depois de pensar por dois minutos, nada parecia fazer mais sentido do que isso. Afinal, moraríamos na casa que pertencia à minha mãe – logo, sairíamos do aluguel. Além disso, nossa qualidade de vida daria um salto de 500%: os meninos teriam mais do que um quadrado de quintal onde brincar, não precisaríamos usar tanto o carro, poderíamos nos locomover quase exclusivamente de bicicleta... Para completar, seríamos muito úteis para cuidar da casa e dar a manutenção de que ela precisava.

Comecei a me sentir ansiosa no exato instante em que decidi que conversaria com minha mãe e minha irmã sobre isso, afinal era importante ter o aval das duas, já que a casa era de todas. Primeiro falei com minha irmã, que aprovou a ideia logo de cara, e depois com minha mãe, no dia do meu aniversário de 42 anos; era a primeira vez em oito meses que estávamos juntas novamente.

Ela também concordou logo de cara, e mais: sugeriu fazermos uma pequena reforma na antiga área da churrasqueira, agora abandonada, para construir um escritório externo onde eu pudesse trabalhar com mais privacidade e tranquilidade.

Eu estava muito feliz com os próximos passos de nossas vidas, e os meninos estavam empolgadíssimos para viver perto do mar – mas a ansiedade não passava. E, mais do que aqueles sintomas típicos na boca do estômago e um aperto no coração, os sintomas evoluíram para uma vertigem que de vez em quando vinha e me fazia ter certeza de que eu desmaiaria.

Certa vez, na casa da minha sogra, na semana entre Natal e Ano-Novo de 2020, eu me senti tão mal que quando dei por mim estava de joelhos no banheiro, com os cotovelos apoiados na privada, rezando para não morrer ali. Eu só conseguia pensar em como seria traumatizante para todos se isso acontecesse naquele dia. Se fosse para morrer, que Deus me levasse enquanto estivesse dormindo – sem dar trabalho ou traumatizar ninguém.

Conversei com minha médica e expliquei como estava me sentindo. Ela marcou uma consulta, frisando que eu havia interrompido as medicações de modo incorreto – mais uma vez, a culpa era da vítima. Já bastava a minha mente me cobrando e me atazanando com supostas culpas sobre as coisas; eu não precisava de uma médica me dizendo que eu estava me sentindo mal porque tinha falhado em alguma coisa.

Foi aí, então, que eu fiz a melhor coisa que poderia ter feito naquele momento: por recomendação da minha irmã, que é psicóloga especialista em ansiedade, procurei um psiquiatra também especialista e, uma semana antes de enfiar a casa inteira num caminhão de mudança e descer para o litoral, tive minha primeira consulta com o dr. Lucas Gandarella.

Foi nesse encontro inicial com ele, especialista em ansiedade e médico vinculado ao Amban (Ambulatório de Ansiedade do Hospital das Clínicas de São Paulo), que ouvi pela primeira vez a expressão "ansiedade de doença". Um novo nome para a famigerada *hipocondria*, expressão que se tornou quase pejorativa ao descrever pessoas extremamente preocupadas com doenças ou dependentes de remédios.

Fiquei chocada: eu atendia a todos os critérios para diagnóstico de ansiedade de doença, caracterizada por preocupação excessiva e persistente em relação à possibilidade de ter uma doença grave, mesmo quando não há evidências médicas para isso. Quando sofremos de ansiedade de doença, tendemos a interpretar sensações físicas normais como sintomas de doenças graves e, consequentemente, passamos a maior parte do tempo preocupados com a saúde.

Eu já sabia que tinha uma predisposição para catastrofizar sintomas físicos – e isso desde a adolescência. Cansei de pegar resultado de exame de sangue, com meus vinte e poucos anos, com a certeza de ter contraído o vírus HIV, mesmo que não tivesse transado sem preservativos. Quando Gael era pequeno, teve um processo de alergia alimentar que fez seu cocô apresentar sangue de quando em quando. Eu tinha certeza de que ele estava com uma doença grave e subdiagnosticada. Uma vez voltei mais cedo de uma viagem de réveillon porque cismei que ele estava com um gânglio duro e fixo na nuca. Cheguei em São Paulo, depois de quatro horas e tanto de viagem, só para dar entrada no PS e ver que ele não tinha absolutamente nada além de um dente nascendo e uma frieira no pé.

Meu jeito paranoico e preocupado com a saúde sempre foi motivo de chacota entre meus amigos mais próximos e até mesmo com Ricardo. Eu mesma fazia piada das minhas fantasias malucas sobre sintomas simples, como uma tosse seca, serem na verdade as primeiras manifestações de uma doença tropical rara que me mataria em semanas.

Quando eu corria para o hospital e fazia todos os exames sugeridos pelos médicos e estava tudo bem, sentia um alívio enorme seguido de uma gratidão imensa pelo fato de estar viva. O que nunca durava muito, já que o corpo é dinâmico e mais cedo ou mais tarde aparecia uma nova sensação. Todas elas eram aversivas e perigosas.

Outra coisa que eu fazia e que descobri ser uma das características mais comuns de quem sofre desse mal era a compulsão por buscar informações médicas na internet. Elas me absorviam por completo e eu passava horas viajando de link em link, muitas vezes na madrugada, enquanto o restante da família dormia. Não adiantava nada alguém me dizer que eu estava exagerando e que provavelmente o nariz congestionado de Dante era apenas um resfriado: para mim, era sempre algo mais sério. Quando eu era confrontada, geralmente dava a cartada de "você não tem como ter certeza de que não é nada grave". Xeque-mate: mais uma ida ao hospital se anunciava.

Existem muitas causas para que alguém desenvolva ansiedade de doença. Fatores como experiências traumáticas de saúde, histórico de doenças graves na família, altos níveis de estresse e ansiedade, além de tendências de personalidade mais preocupadas, podem contribuir para o desenvolvimento desse transtorno. Além disso, a fácil e abundante disponibilidade de informações médicas na internet pode alimentar a preocupação constante com a saúde.

O tratamento da ansiedade de doença envolve uma abordagem multidisciplinar. A terapia cognitivo-comportamental (TCC), em especial a ACT (terapia de aceitação e compromisso), é considerada "padrão-ouro", frequentemente utilizada para ajudar as pessoas a identificarem padrões de pensamento negativos e distorcidos relacionados à saúde, bem como a desenvolverem estratégias para enfrentar esses pensamentos de forma mais realista. A terapia também ajuda a dominar os impulsos por buscas constantes por informações médicas na internet e a lidar com a ansiedade associada.

A medicação era, em um caso como o meu, fundamental – tanto para tratar os sintomas de ansiedade quanto para ajudar no gerenciamento de minhas preocupações excessivas.

Foi assim que, apenas três meses depois de ter recebido "alta" do tratamento psiquiátrico para ansiedade, voltei a tomar a mesmíssima medicação de antes. Mas, ao contrário da primeira vez, eu estava disposta a fazer o que fosse necessário para aprender a lidar com a doença. Marquei uma consulta com um psicólogo especialista em ansiedade, também vinculado ao Amban, e recomendado por minha irmã.

Era hora de retomar o controle sobre minha saúde mental.

{ 11 }

ASSUMA
O RISCO

Tantas coisas aconteceram comigo nos últimos tempos; minha vida inteira mudou de um dia para o outro. Meu pai saiu de casa. Minha família acabou. Minha mãe está evidentemente deprimida e minha irmã, coitada, está totalmente sem chão.

Eu sempre soube que o casamento dos meus pais não era perfeito — na verdade, era tudo menos perfeito. Mas eu não esperava que as coisas acontecessem desse jeito tão repentino. Entrei na faculdade, ganhei um carro e fiz 18 anos — ele parecia estar esperando eu me tornar oficialmente adulta para abandonar o barco.

Eu me sinto perdida, sem saber o que fazer. Tenho brigado muito com minha mãe. Fico cada vez mais fora de casa — estou namorando um cara muito legal da faculdade, estou fazendo um curso de teatro, faço parte de um grupo de dança e, sempre que posso, vou para Ilhabela, o único lugar em que me sinto feliz.

Não suporto mais viver em São Paulo. Só me sinto bem quando estou em Ilhabela, onde reencontro velhos amigos e me lembro de como minha vida era antes... Antes de tudo isso.

Meu namorado não entende o que vem acontecendo na minha vida. Vive dizendo que eu estou diferente e distante. Fica me olhando com aqueles olhos azuis e pidonchos, como se o que eu faço nunca fosse bom o suficiente. Na verdade, conheço bem esse script: preciso melhorar, preciso me esforçar, preciso fazer mais e mais e mais.

Mas veja só, diário: a vida toda tenho feito isso e, de certa forma, eu sinto que o mundo me sacaneou —

eu merecia estar me sentindo melhor. Tentar e tentar e tentar ser melhor para atender às expectativas dos outros acabou se revelando uma grande piada.

Preciso tomar uma decisão — qualquer uma. Talvez eu devesse largar a faculdade e me mudar para Ilhabela. Talvez para o Rio de Janeiro, levar a carreira de atriz a sério. Estou infeliz, profundamente infeliz, e não acredito que isso seja o que Deus espera de mim. Preciso tomar alguma atitude para que esta inquietude não tome conta da minha alma.

Preciso tentar. Mesmo que seja para falhar.

Vivendo a primeira vez – de novo

Nos mudamos para Ilhabela em 25 de janeiro de 2021. Apenas um mês antes, no dia seguinte ao Natal, uma pequena reforma havia sido iniciada em nossa casa: uma amiga arquiteta aceitou o desafio e topou a empreitada, entrando com uma equipe de seis pedreiros para a reforma que prepararia a casa para nossa chegada. Inacreditavelmente, deu tempo – era o segundo ano de pandemia e muitos proprietários de casas de veraneio em Ilhabela tinham decidido se estabelecer na cidade, demandando obras e reformas exatamente como as nossas e tornando escassa a mão de obra.

Eu simplesmente não acreditava que estava de volta a Ilhabela. Era minha terceira vez morando na cidade, e eu nunca imaginei que um dia estaria morando novamente aqui. Dessa vez, de mala, cuia, marido, filhos e tudo o que possuíamos e que havia restado. Caixas e caixas espalhadas pela casa, duas crianças enlouquecidas gritando pelos cômodos e uma boa dose de esperança no peito de que Ilhabela se revelasse, finalmente, um lar.

Amor e ódio – essa era a minha relação com Ilhabela desde o início da vida. Era o lugar onde todas as minhas primeiras vezes tinham acontecido: a primeira paixão, o primeiro beijo, a primeira transa. O primeiro porre, o primeiro coração partido, as primeiras decepções.

Eu tinha lembranças de ser criança e passar muito tempo observando meu pai no cuidadoso ritual de preparar o *Por Enquanto*, um pequeno veleiro que tivemos durante muitos anos, para entrar na água. Mas eu também me lembrava de todas as brigas que tivemos, na minha adolescência, porque ele não queria que eu ficasse até tarde fora de casa.

Eu me lembrava de todas as manhãs, tardes e noites passadas na praia, em companhia dos amigos queridos, no vaivém entre cadeira de praia, jogo de frescobol, mergulhos no mar e um baseado ao pôr do sol. Também me lembrava de quando minha casa foi assaltada, quando roubaram meu computador que tinha pouco mais de um mês de uso e um roteiro que estava escrevendo para um curta-metragem, que foi embora com o computador e nunca mais voltou.

Em Ilhabela, eu tinha vivido meu primeiro amor, aos 20 anos. Pouco mais de uma década depois, também seria em Ilhabela que eu viveria meu primeiro relacionamento abusivo; não apenas minhas maiores alegrias tinham sido aqui – minhas maiores dores também. Foi aqui que conheci a Gi, e também onde perdi muitos amigos para a violência.

Para quem não conhece, Ilhabela é a maior ilha oceânica do Brasil e é um município situado no litoral norte do estado de São Paulo. É composta de uma ilha principal e algumas ilhotas menores, abrangendo uma área total de aproximadamente 347 quilômetros quadrados. Sua localização privilegiada e sua beleza natural exuberante atraem visitantes de todo o país e também do exterior.

A principal característica de Ilhabela é sua abundante natureza preservada. Grande parte da ilha é coberta pela Mata Atlântica, um ecossistema raro e diversificado, que abriga uma ampla variedade de plantas e animais, alguns em risco de extinção. A ilha abriga diversas áreas de preservação ambiental e reservas naturais, de extrema importância para a conservação da biodiversidade da região. O Parque Estadual de Ilhabela, uma unidade de conservação de proteção integral que abrange não apenas as matas, mas também praias, manguezais, costões rochosos e cachoeiras, ocupa uma área aproximada de 27 mil hectares – quase 80% do território de Ilhabela.

O turismo ecológico é uma das grandes forças motrizes que giram a economia local. Os visitantes têm a oportunidade de explorar trilhas em meio à natureza abundante, cachoeiras e praias desertas, o que torna a experiência inesquecível. São mais de quarenta praias espalhadas ao longo da costa, ideais para a prática de esportes aquáticos, como kitesurf, windsurf, stand-up paddle, remo, mergulho e vela.

Além da natureza abundante, a cidade é charmosa e tem ruas de pedra e casarões coloniais, herança remota dos tempos da colonização portuguesa. Inclusive, diz a lenda que Ilhabela foi um presente de Dom Pedro para sua filha, a princesa Isabel, a mesma que assinou a Lei Áurea e aboliu a escravidão no país. Mas, a despeito do que alguns caiçaras dizem orgulhosamente, não foi em Ilhabela que a princesa assinou a Lei Áurea – na verdade, ela nunca teria pisado de verdade por aqui.

Ilhabela é chamada de "cemitério de navios", em razão do grande número de naufrágios que aconteceram por aqui, e abriga o que sobrou do *Príncipe das Astúrias*, o "*Titanic* Brasileiro", um luxuoso transatlântico espanhol que naufragou próximo à costa em 1916. Devido à sua geografia acidentada, às suas correntes marítimas complexas e ao histórico de tráfego marítimo intenso, dezenas de navios repousam no fundo do mar, atraindo mergulhadores que buscam explorar seus destroços e, quem sabe, encontrar um tesouro perdido.

Em resumo, Ilhabela era para mim, ao mesmo tempo, um verdadeiro refúgio e uma grande tormenta. O lugar em que saí sozinha pela primeira vez, na adolescência, e a primeira vez que me vi sob a mira de uma arma. Era para cá que eu estava me mudando, de mala, cuia e família.

De certa forma, nós também éramos exploradores em busca de um tesouro: um ponto de equilíbrio e ancoramento em meio à tormenta da pandemia. O futuro revelaria se esse tesouro era de verdade ou apenas mais uma das lendas de Ilhabela.

Vida é fluxo

Osho diz que a mudança é o constante fluir do rio da existência, e é da resistência a esse processo que nasce a miséria. Nos agarramos a ilusões de estabilidade e é essa busca por permanência que gera sofrimento. A verdade é que não podemos prever o próximo momento, quanto mais o amanhã. Por mais que a pandemia tenha nos despertado para isso de forma bastante realista, é fácil esquecer.

Quando estamos despertos para a consciência, entendemos que a vida é um fluxo constante. Descobrimos a verdadeira alegria quando aceitamos essa natureza mutável, com todas as suas nuances e imprevisibilidades. Nessa aceitação, a felicidade torna-se inabalável, pois não há um desejo desesperado por algo diferente do que é. Quem abraça as mudanças da vida com coragem e serenidade encontra uma tranquilidade interna que nenhum obstáculo pode perturbar.

Eu me sentia nessa jornada de aceitação de todas as transformações que aconteciam em nossas vidas. Os primeiros meses foram difíceis, porque a obra do escritório não estava totalmente finalizada e o entra e sai dos pedreiros trazia tanta agitação e barulho que às vezes me tirava do sério. Eu não tinha um local específico para trabalhar, estávamos com caixas e mais caixas espalhadas pela casa e os meninos ainda se ambientando e se habituando à nova vida. Além disso, o calor era insuportável; depois de mais de quatro anos morando em uma região consideravelmente mais fria, em que às vezes tínhamos que acender a lareira às dez da manhã, lidar com uma temperatura de mais de trinta graus era uma verdadeira tormenta.

As primeiras semanas de vida na cidade foram deliciosas. Íamos à praia com os meninos todos os dias, pela manhã ou no final de tarde. Todo dia era uma aventura, com descobertas e experiências novas. Dante, que tinha pouco mais de 1 ano quando a pandemia começou, estava tendo suas primeiras experiências com a areia e

Quando estamos despertos para a consciência, entendemos que a vida é um fluxo constante. Descobrimos a verdadeira alegria quando aceitamos essa natureza mutável, com todas as suas nuances e imprevisibilidades.

a água salgada. Era empolgante ver os meninos em sua nova vida, uma vida que tinha sido a minha também, quando eu era pequena.

Minhas memórias de infância voltaram com força total. Eu me lembrei dos passeios de bicicleta que fazíamos porque, agora, eles eram os passeios que eu fazia com meus próprios filhos. Uma vez por semana tomávamos sorvete na mesma sorveteria que eu frequentara com meus pais anos antes. Eles aprenderam a subir nas mesmas árvores que eu subia, e as primeiras pedras que eles escalaram foram as mesmíssimas pedras em que, sentada olhando o mar, chorei tantas vezes depois de brigar com meus pais, ou depois de descobrir que o menino de quem eu gostava não gostava de mim.

Muitas coisas aconteceram nesses primeiros meses de Ilhabela, a maioria delas dentro de mim. Eu me sentia resgatando uma parte importante da minha vida que não tinha percebido ter ficado para trás. Não eram apenas memórias: eram cheiros, gostos e sensações. Eram paisagens das quais eu não me lembrava, mas que continuavam vivas dentro de mim, em alguma parte que eu não sabia que existia.

Pensava muito na Gi – todos os lugares me lembravam dela. Me parecia injusto estar aqui de novo, depois de todos esses anos, com as pessoas mais importantes e especiais do meu mundo, e ela não estar com a gente.

Frequentemente eu ficava brincando de imaginar como seria se ela estivesse aqui. Como ela conversaria com os meninos e os faria rir com suas bobagens. Como ela seria uma grande rede de apoio para nós, caso um dia precisássemos de ajuda com os meninos. O que cozinharíamos juntas, os passeios que faríamos, todas as pessoas que ela, invariavelmente, nos apresentaria. Eu não sabia existir em uma Ilhabela sem a Gi – mas, novamente, teria que descobrir.

Mais uma vez, Ilhabela seria cenário de uma grande transformação em minha vida – a mais significativa dos últimos anos. Eu sonhava com o pote de ouro no final do arco-íris ou enterrado por um pirata, sob uma grande árvore. Naqueles primeiros meses eu nem imaginava as voltas que a minha vida daria até, finalmente, encontrá-lo.

{ 12 }

TRAGA A DOR PARA A LUZ

Se algum dia eu tive dúvidas, hoje já existe uma certeza de que eu não sou muito normal.

Em um momento tenho uma certeza; em outro momento, uma força parece se apoderar de mim e, de repente, a certeza se transforma em dúvida profunda.

Será que todo mundo é assim e eu só não sei disso porque sou burra demais para perceber? Ou será que só eu sinto essas coisas e, em vez de burra, sou simplesmente uma grande defeituosa?

Tudo me parece muito incerto — essa incerteza é algo que, em meus 19 anos de vida, ainda não consegui entender. Meus sonhos... Onde eles estão? Eu tinha tantos, tantos sonhos, diário... Mas não consegui realizar nenhum deles. Tenho vontade de largar tudo: essa faculdade idiota que só me traz mais e mais razões para suspeitar da minha sanidade, essa família desconstruída e cheia de traumas, meus amigos numerosos, mas que não sabem quão podre eu sou por dentro. Como não sou capaz de fazer isso, tenho fantasiado cada vez mais.

Talvez eu esteja deprimida. Talvez eu precise de ajuda — mas de onde viria essa mão amiga?

> ENQUANTO VOCÊ NÃO FICAR CONSCIENTE DA DOR ESCONDIDA NO SEU INCONSCIENTE, ELA NÃO O DEIXARÁ – ELA PERMANECERÁ ESCONDIDA. EXPONHA-A, TRAGA-A PARA A CONSCIÊNCIA. PUXE-A PARA FORA, ONDE QUER QUE ELA ESTEJA ESCONDIDA NA ESCURIDÃO INTERNA, TRAGA-A PARA A LUZ."[8]
>
> OSHO

---

[8] OSHO. The Sadhana Sutra, discourse 1. Tradução livre. Mount Abu, 1973.

O medo é a raiz

Desde a pandemia, o curso *LIBERTE-SE!* vinha lentamente se tornando o carro-chefe do meu negócio. Não apenas porque representava um valor de investimento maior, que trazia mais retorno financeiro do que o Portal Despertar e, com ele, mais segurança e estabilidade, mas porque eu tinha encontrado uma metodologia simples, objetiva e profundamente transformadora por meio da qual poderíamos efetivamente transformar nossas vidas no melhor que elas poderiam ser.

O método do *LIBERTE-SE!*, profundamente inspirado pelos ensinamentos de Kris e Amana e com forte estruturação nos princípios básicos da formação da personalidade dentro da Psicologia, estava transformando a minha vida de forma significativa e determinante. Obviamente, não era apenas o *LIBERTE-SE!* em ação: eu também vinha fazendo a minha lição de casa com a terapia, os medicamentos e a mudança no estilo de vida. Ainda restava muito trabalho a ser feito, mas sentia que havia iniciado um processo e que não haveria fugas nem interrupções em minha jornada de reinvenção pessoal.

Eu me sentia entusiasmada em oferecer esse método ao mundo. Tinha encontrado uma forma real de ajudar as pessoas por meio dos quatro passos simples que o método pressupõe. Por mais complexas e elaboradas que sejam nossas constituições subjetivas, todas elas se dão com base na esquiva do desconforto.

Nós somos biologicamente moldados para evitar o que nos incomoda, desde o ato de levantar o pé bruscamente do chão após pisar em uma abelha, passando por fazer uma piada sem graça para ocultar nosso constrangimento diante de algo, até chegar a todos os padrões de pensamento e de comportamento disfuncionais que impactam negativamente nossas relações e nos fazem agir como cachorros correndo atrás do próprio rabo – ou um rato, na ratoeira –, sem nunca conseguir chegar a lugar nenhum e nem parar de rodar, rodar, rodar.

A cada nova turma do *LIBERTE-SE!*, via tantas pessoas se descobrindo, se reconhecendo, se assumindo e se libertando que só conseguia me sentir profundamente grata por poder levar esse conhecimento ao mundo.

Ninguém nasce careca, gordinho, banguela e se sentindo inferior aos outros. Você não nasceu viciado em agradar às pessoas – muito pelo contrário. Nascemos profundamente conectados ao nosso corpo e a todas as suas sensações e é só depois de muito tempo que aprendemos a morar mais na mente do que no corpo. É só depois de muito tempo que nossos pensamentos se tornam soberanos diante de nossos sentimentos ou emoções. O processo por meio do qual nos distanciamos do corpo em direção à mente é longo, lento e cheio de dor e sofrimento – e deixa marcas profundas em nossa autoimagem, autoestima e funcionamento básico ao interagir com outros seres humanos.

Ninguém nasce com medo de decepcionar as pessoas, de não ser amado ou de ser um peso para os outros. Todos esses medos são aprendidos. O medo é a emoção por trás de todos os nossos comportamentos disfuncionais que acaba determinando nossa forma de agir no mundo e de lutar pelas coisas que queremos viver, ter ou fazer na vida. De modo geral, somos muito pouco originais nas formas como lidamos com nossos medos e buscamos suavizá-los. Quase sempre acabamos nos comportando de acordo com uma ou mais das seguintes alternativas:

1. **Somos agressivos** e buscamos suavizar as ameaças tentando subjugá-las, dominá-las e controlá-las. Como um animal que quando se sente acuado ataca, mostramos os dentes e

{ Ninguém nasce com medo de decepcionar as pessoas, de não ser amado ou de ser um peso para os outros. Todos esses medos são aprendidos. }

avançamos sobre o que nos assusta, na melhor política de que "a melhor defesa é o ataque".

2. **Somos passivos** e tentamos suavizar a percepção de ameaça pela rendição e submissão. Como um cachorrinho que se rende ao inimigo, deitamos de barriga para cima e erguemos uma bandeira branca, como quem diz: "Ei! Eu me entrego! Por favor, não me machuque".

3. **Nos dedicamos a cuidar dos outros** buscando suavizar a ameaça pela inversão de papéis. O outro, ou a situação ameaçadora, não é mais uma ameaça, e deixamos de ser a vítima. Adotamos a postura de quem detém algum tipo de conhecimento fundamental que o outro não tem e nos colocamos em ação como cuidadores ou salvadores do outro. Assumimos a posição de quem sabe mais, de quem pode mais, de quem é mais habilitado ou capacitado a fazer algo. O que antes nos ameaçava agora é algo que precisa de nosso cuidado. Saímos da posição de vítima e vitimizamos o outro.

4. **Nos isolamos e retraímos.** Nos afastamos da situação-gatilho como uma criança que tampa os ouvidos com as mãos em concha e fica cantando um "lá-lá-lá" infinito. Adotamos a postura de "o que os olhos não veem o coração não sente" e nos afastamos do que nos amedronta com a aparente facilidade com que viramos a página de um livro e iniciamos um novo capítulo.

5. **Criamos uma rotina tão caótica**, agitada e cheia de coisas que mal temos tempo de nos conectar com nosso mundo interno e nossas emoções. E o checklist não termina nunca, porque quando está para acabar, adicionamos mais dois ou três itens. O objetivo é estarmos tão ocupados que não conseguimos sentir o medo, a ameaça nem a tensão existente.

Apesar de medidas que buscam a evitação da dor e do medo, colocar essas estratégias em prática em nossas vidas acaba trazendo mais sofrimento ainda. Complicamos nossos relacionamentos, engolimos ou vomitamos nossas dores nos outros, nos afastamos de quem amamos. Desenvolvemos doenças variadas por nos afastarmos de um estilo de vida saudável e equilibrado por meio do excesso de trabalho, da correria ou do que quer que seja que estejamos utilizando para nos distrair de nós mesmos.

Quando percebemos que todas as dificuldades que experimentamos na vida derivam da maneira como lidamos com nossos medos – reais ou percebidos –, sentimos como se uma cortina de fumaça que nos cegava para nós mesmos finalmente se dissipasse. O reconhecimento de nossos padrões de esquiva do medo nos convida a refletir sobre o que está realmente em jogo em nossas vidas e o que vem servindo como combustível para nossas ações, comportamentos e atitudes: amor ou medo?

Era emocionante testemunhar o processo de autorreconhecimento das pessoas. Elas chegavam receosas e desconfiadas, resistindo ao processo e cheias de perguntas. Pareciam não conseguir acreditar na simplicidade do método, que tinha como ponto de partida o reconhecimento dos gatilhos que nos tiravam de nosso centro e nos jogavam em nosso corpo de dor.

Tudo começava com o gatilho, um elemento do momento presente capaz de cutucar as dores antigas e mal curadas das quais vínhamos tentando nos esquivar havia muito, muito tempo. Essas dores eram os conflitos nucleares de nossa constituição psíquica, traumas experimentados ao longo do período inicial de nossas vidas e que desencadearam, no passado, nosso *modus operandi* e estratégias de sobrevivência.

É fácil reconhecer nossos gatilhos quando estamos conectados com nossos corpos. Afinal de contas, o corpo é dinâmico e sente coisas o tempo todo.

Experimente parar por um instante e fazer um escaneamento corporal em si mesmo, dos pés à cabeça, prestando atenção a todas as sensações físicas que te ocorrem: uma tensão no pescoço, uma sensação na barriga – fome, talvez? Um tremor nas pernas. Uma pontada no dedinho do pé direito. E, apesar de todas essas sensações físicas, nosso corpo funciona em homeostase: o coração contrai e relaxa, os pulmões se enchem e se esvaziam. Nossos órgãos trabalham. Podemos dizer que estamos funcionando, enquanto máquinas biológicas, em uma "Zona Verde" – em modo de *stand by*.

De repente, um gatilho é acionado. Tanto faz qual seja ele: alguém diz algo; você ouve uma música, se lembra de alguma coisa. Você fala algo para o seu marido e ele não responde – simples assim. Essa qualquer coisa que acontece funciona como um gatilho para o seu sistema nervoso, que reage imediatamente. Sua amídala cerebral é acionada: tem algo de errado acontecendo, um perigo foi detectado. Em uma fração de segundo, ela envia uma mensagem para suas glândulas suprarrenais, que, tão rapidamente quanto a amídala, despejam doses cavalares de adrenalina e cortisol em sua corrente sanguínea. Em pouquíssimo tempo, essas substâncias chegam ao sistema nervoso central – o cérebro – e ele dispara uma cascata de eventos bioquímicos que preparam seu corpo para o enfrentamento do perigo detectado, seja ele real ou simbólico.

Nosso coração acelera. Nossos pulmões são ativados, o que torna nossa respiração rápida e superficial. Adrenalina é enviada para os músculos longos do corpo, em especial dos membros inferiores, para que uma fuga rápida seja possível a qualquer momento. Nossas mãos se tornam imediatamente suadas, sinal de que estão recebendo a ativação necessária para cerrar os punhos e enfrentar "na porrada" qualquer que seja o agressor ou perigo que se apresenta. Nossos olhos ficam arregalados e as pupilas dilatam para enxergarmos melhor, enquanto os ouvidos se tornam mais atentos, aumentando nossa acuidade auditiva.

Nossas respostas iniciais são de luta – enfrentamento – ou fuga – esquiva. Nos tornamos agressivos e partimos para cima, ou então respondemos de forma passiva, erguendo a bandeira branca. É o que todos nós fazemos, e não apenas nós, seres humanos: isso acontece com qualquer mamífero, dos ratinhos aos elefantes. É o que acontece quando o sistema límbico, nosso cérebro compartilhado com os demais mamíferos existentes na natureza, entra em ação.

Não é culpa de ninguém: nós simplesmente somos assim. Pode parecer estupidez do corpo que tudo isso aconteça porque o marido não responde a uma pergunta, porque a vizinha te olha com maldade ou porque seu chefe fala com você da mesma forma que seu pai falava. Seu cérebro não consegue diferenciar uma ameaça real de uma simbólica. Desde que o ser humano surgiu na superfície da Terra, por volta de trezentos mil anos atrás, o meio em que vivemos sofreu mudanças drásticas – mas o cérebro não.

Nosso cérebro mudou muito pouco de lá para cá e continua funcionando como se precisasse colocar o corpo para se defender de perigos potencialmente mortais a qualquer instante.

E o mais importante de tudo: um gatilho é apenas o gatilho. Se você pegar uma arma qualquer e simplesmente apertar o gatilho, absolutamente nada vai acontecer, a menos que exista uma bala na agulha. É aí que todo o processo começa a ficar complicado, porque nós somos verdadeiros poços de traumas e temos quase ou nenhuma noção disso. O "penso, logo existo" da civilização moderna dá muito mais importância ao que pensamos do que ao que sentimos e muitas vezes nem percebemos que um gatilho nos ativou. Não percebemos de modo consciente o coração acelerando nem as pernas tremendo, a não ser quando já demos uma resposta atravessada ou fazemos que nem um cachorrinho assustado, colocando o rabinho entre as pernas e correndo temerosos para o cantinho do quarto.

Não somos ensinados a sermos curiosos em relação a nós mesmos. Não nos perguntamos: "Puxa vida, dei uma resposta atravessada para meu marido. Por que será que fiz isso?". Ao invés de nos abrirmos para o que quer que seja que tenha sido tocado nesse momento, nos fechamos em nós mesmos e nos sentimos culpados, inadequados e envergonhados de nossas atitudes.

Diante da culpa e da vergonha, nos colocamos na dinâmica de tentar reparar nosso erro. Pedimos desculpas, prometemos nunca mais fazer de novo, nos submetemos a relacionamentos tóxicos e abusivos como uma forma de "pagar os preços necessários" para não sermos abandonados nem rejeitados. Ou, então, na incapacidade de reconhecer nossa responsabilidade por nossas ações e comportamentos, culpamos os outros e nos colocamos como vítimas das situações. "O que você queria que eu fizesse? Como esperava que eu agisse depois de ter feito isso?", podemos perguntar. Quando, eventualmente, o outro se identifica como o culpado da situação ou nos perdoa por nossa intempérie, experimentamos alguns segundos de alívio. Até que um novo gatilho irrompe nossas camadas de proteção, nos tira do centro novamente e o processo se repete.

Grande parte do processo de transformação e libertação emocional passa por desenvolver curiosidade e abertura sobre nós mesmos e sobre o porquê de agirmos como agimos. Grandes transformações acontecem quando aprendemos a nos observar de forma mais desidentificada, como se entrássemos em um helicóptero e sobrevoássemos o cenário que estamos experimentando, sendo capazes de nos enxergar de fora para dentro.

Aprender a reconhecer os gatilhos que nos tiram do centro é fácil quando estamos em contato com nossos corpos – mas o que acontece quando nossos corpos são estranhos ameaçadores com os quais não temos nenhuma intimidade?

{ Aprender a reconhecer os gatilhos que nos tiram do centro é fácil quando estamos em contato com nossos corpos – mas o que acontece quando nossos corpos são estranhos ameaçadores, com os quais não temos nenhuma intimidade? }

De ratoeira a labirinto

Menos de um mês depois de nossa mudança para Ilhabela, conduzi mais um lançamento do curso *LIBERTE-SE!*. Foi um lançamento diferente dos outros, em parte porque o cenário ainda era uma bagunça desordenada de caixas e amontoados de móveis e coisas que ainda não ocupavam seus lugares definitivos. Mas, em grande parte, o lançamento foi diferente porque eu estava diferente.

No segundo dia de lançamento, simplesmente não conseguia me conectar à internet. Era uma noite chuvosa de fevereiro, com muito vento, o que fez a internet sofrer muitas instabilidades. Eu estava trabalhando com uma lançadora externa – uma pessoa que traça a estratégia de lançamento, roda os investimentos financeiros e mensura os dados e resultados obtidos com cada ação.

O mercado digital depois da pandemia já não era mais o mesmo, e a concorrência era grande. Não a concorrência direta na área do autoconhecimento, mas a concorrência por visualização dos anúncios que eram utilizados para mobilizar a audiência para o evento que estávamos promovendo. Precisávamos cada vez mais de profissionais extremamente especializados nos algoritmos das redes sociais e nenhuma pessoa do meu time obedecia aos requisitos necessários para cumprir essa função.

Eu já tinha trabalhado com essa lançadora algum tempo antes, e foi uma experiência boa – mas intensa. Ela era uma pessoa extremamente eficiente, mas muito difícil de lidar. Em muitos momentos tinha uma tratativa inadequada com meu time, era grosseira, não "arredondava" as coisas antes de falar.

Eu, como líder da equipe composta, então, de seis pessoas, ficava com a ingrata missão de intermediar as relações e colocar todo mundo em seus devidos lugares, para que pudéssemos trabalhar em grupo de forma harmônica e equilibrada. Isso era muito difícil quando o elemento externo ao time – no caso, a lançadora –, que supostamente deveria ser aquela a se encaixar na dinâmica estabelecida por pessoas que trabalhavam juntas havia tanto tempo, não fazia questão de ser simpática, cordial nem agradável com o restante da equipe.

Naquela noite em que a internet falhou e eu não consegui dar aula, em vez de receber simpatia por parte dela, o que recebi foi uma fala cortante de "é isso aí, agora estamos navegando às cegas nesse lançamento e eu não posso prometer mais nada".

Eu não esperava que ela fosse acolhedora, amorosa nem me consolasse, pois sabia que focinho de porco não tinha virado tomada em apenas alguns anos. Mas, pela primeira vez, me senti realmente desconfortável em continuar atuando no cenário digital. Eu entendia seu ponto de vista e tinha bastante consciência, "macaca velha" de lançamentos que era, do quanto não cumprir a fórmula poderia comprometer os resultados do processo. Mas a tal lançadora, com a qual nunca mais viria a trabalhar, foi a catalisadora de uma primeira percepção bastante assertiva de que talvez eu não quisesse mais fazer o que eu fazia.

Toda a minha vida pessoal vinha girando, nos últimos anos, em torno da tentativa de recuperar minha saúde mental. Eu tinha me descoberto uma portadora de transtorno de ansiedade generalizada, com viés de ansiedade de doença, e trabalhava na terapia os pilares fundamentais da minha vida que estavam tortos e me jogavam em dinâmicas que retroalimentavam a ansiedade. Tinha me conscientizado de que precisava aprender a lidar comigo mesma com mais compaixão e autoaceitação – e aquela observação da lançadora me incomodou tanto que minha primeira vontade foi de mandá-la passear. Mas eu não podia. Mais uma vez, me via escrava de um modo de vida que havia criado para mim, mas que parecia fazer cada vez menos sentido.

Mas eu respirei fundo. Engoli a frase mal-educada que me ocorreu na hora e agi como se compreendesse o ponto de vista dela; no fundo, eu compreendia. Só não sabia mais se queria continuar presa em um esquema no qual nem a internet, numa noite chuvosa e com vento, poderia falhar.

O rato se dava conta de que estava preso em uma ratoeira, mas a ratoeira tinha se transformado em um labirinto, com paredes que mudavam de lugar o tempo todo – e ele não sabia o que fazer para escapar dali.

A internet não falhou mais e o lançamento aconteceu. As metas inicialmente traçadas não foram atingidas, como havia tempos não vinham sendo, desde o início da pandemia, mas o montante financeiro do lançamento nos dava a falsa sensação de que estava tudo bem. Em breve eu precisaria lançar mais alguma coisa – precisaria ter uma nova ideia, um novo mote, um novo impulso para continuar girando a roda infinita na qual minha vida tinha se transformado.

Mas os meses se passaram, as aulas voltaram, matriculamos as crianças novamente na escola e continuamos vivendo nossas vidas como se fosse questão de tempo voltar a alcançar os resultados financeiros que um dia tinham sido nossa realidade. Bastava ter paciência. Bastava esperar um pouco mais. Bastava me esforçar um pouco mais. Se eu me comprometesse de verdade com o processo, se eu fosse mais disciplinada e responsável, se eu fosse boa – realmente boa –, tudo daria certo.

Bastava eu ser boa o suficiente. *Como sempre*, uma vozinha dizia no fundo da minha cabeça. Mas eu ainda não era capaz de concordar com ela.

{13}

VIVENDO SEM AVIDEZ

Tive hoje minha primeira sessão de terapia com A Psicóloga e, definitivamente, descobri que a Psicologia não é para mim.

Eu nunca conseguiria fazer o que A Psicóloga faz. Eu acharia muito, muito chato ouvir uma menina idiota de 21 anos falar, por mais de uma hora, sobre seus problemas medíocres com a família, com os homens ou com seu corpo.

Contei a ela que eu tinha um diário, e ela me perguntou que tipo de coisa eu escrevia aqui. Minha vontade foi dizer "o tipo de coisa que eu nunca vou contar para você", mas é claro que eu não disse isso. Disse, provavelmente, o que ela queria ouvir — afinal, essa é minha especialidade, certo?

Fiquei pensando que a minha constante volta às suas páginas é diretamente proporcional à minha sensação de solidão e de vazio. Um vazio estranho que, de certa forma, sempre esteve comigo. Nada consegue me distrair desse vazio — nem os ensaios com o grupo de dança, nem os comerciais que eu ando fazendo, nem as noites regadas a forró, cerveja e maconha, nem minhas matérias favoritas na faculdade, nem meu atual namorado.

Nada, nada, nada preenche esse vazio.

E eu morro de medo de que seja assim para sempre.

Caminhando por linhas tortas

Nos primeiros meses de 2021, sentimos como se a vida fosse, lentamente, voltando ao normal. As vacinas contra a covid-19 chegaram ao Brasil, e começamos a nos sentir cada vez mais seguros diante de todo o contexto apocalíptico que tinha regido nossas vidas nos últimos doze meses. Tudo estava indo bem – com exceção do trabalho.

Mais uma vez, eu precisava me envolver em um lançamento – e digo "precisava" porque, por mais que faturássemos seis dígitos e múltiplos de seis dígitos em um lançamento, o dinheiro não durava mais do que dois ou três meses. Uma parte da receita era gasta em tráfego – e era preciso cada vez mais investimento para que as vendas acontecessem. Outra parte ficava com a plataforma na qual os cursos eram hospedados e que processava os pagamentos dos alunos. Uma parte significativa era paga em impostos, e o que sobrava rapidamente desaparecia, diante de nossos olhos, com os altos custos de uma equipe enxuta, mas muito bem remunerada.

Essa é uma das coisas que os grandes *players* do mercado não contam. Eles adoram ostentar quantos dígitos fazem em seus lançamentos, mas não contam o quanto é investido, tanto em tráfego quanto em impostos e equipe, para fazer aquele dinheiro. Fiquei sabendo do caso de um *player* que tinha faturado sete milhões de reais em um lançamento e teve um colapso mental com seus resultados porque investira seis milhões no processo. Isso ninguém conta, porque o que vale é vender, vender e vender – nem que seja a imagem de quem vende muito. Não importa o quanto você engana as pessoas no processo, o quanto mostra uma vida de mentira ou o quanto, nos bastidores, você sofre com sua saúde mental.

Eu estava cansada, profundamente cansada desse processo. Mais do que cansada, não conseguia mais dançar conforme a música e tinha cada vez mais clareza disso. Entretanto, não enxergava saída e aceitava toda e qualquer perspectiva que alguém me oferecesse e que parecesse minimamente viável para voltar ao topo e à abundância financeira que, um dia, tinha sido minha realidade.

Por isso, quando me deram a ideia de criar uma mentoria para profissionais – psicólogos, médicos, terapeutas e cuidadores, de modo geral –, eu aceitei de bom grado. Já tinha tido uma experiência muito boa mentorando profissionais durante a pandemia, que trouxe muitos aprendizados. Por isso, resolvi criar um novo programa que implementasse os aprendizados recebidos e satisfizesse a demanda de um mercado que estava sendo bastante exigido nos últimos tempos. Afinal, estávamos saindo de uma pandemia; como esperado, estávamos coletivamente em frangalhos, precisando mais do que nunca de ajuda para seguir em frente depois de tanto medo, luto e traumas.

O lançamento foi um sucesso, e rapidamente formamos a primeira turma da HOLOS, um programa de mentoria que tinha como objetivo capacitar profissionais em técnicas integrativas de saúde mental e emocional que servissem de apoio em suas devidas áreas de atuação. Eu não queria formar profissionais, mas compartilhar fundamentos de compreensão do ser humano que pudessem enriquecer seus trabalhos, potencializar seus resultados terapêuticos e ajudar mais e mais pessoas. O método por trás da mentoria era o do *LIBERTE-SE!*, mas ao longo dos meses compartilhei tudo – ou quase tudo – que sabia sobre o ser humano.

O grupo era bacana, formado por pessoas muito especiais – algumas delas já faziam parte da minha vida havia anos, como uma aluna que tinha sido minha paciente anos antes, antes mesmo de se tornar terapeuta. Mas hoje vejo que minha seleção dos participantes levou mais em conta minha demanda financeira do que a preocupação com sua formação profissional e maturidade emocional para receber um método como o do *LIBERTE-SE!*.

Infelizmente, a realidade dos profissionais que atuam como terapeutas é muito parecida com a de alguns *coaches*, que nunca descobriram o que fazer com suas vidas, mas se dedicam a ensinar a outras pessoas o que fazer com as vidas delas; muitos terapeutas não deveriam estar atuando como tais, pois não têm o autoconhecimento necessário para enxergar seus pacientes com a imparcialidade que a prática terapêutica exige.

Obviamente, todo ser humano tem suas dores e pontos cegos – mas, quando se trabalha acolhendo pessoas em suas dores e ajudando-as a transformá-las, você precisa ter certeza de que seus próprios pontos cegos não ameaçam o processo das pessoas que confiam em você.

Infelizmente, isso é mais comum do que gostaríamos de admitir – e eu tive mais alunos assim na HOLOS do que me orgulho de reconhecer.

Na HOLOS nos encontrávamos quinzenalmente, em sessões on-line de três horas de duração, e uma vez por mês passávamos o dia todo juntos. Ainda que virtualmente, essas vivências tinham a intenção de criar um senso de conexão e pertencimento que pudesse servir de suporte para um aspecto da mentoria que era de fundamental importância: criar um espaço de coexistência com as emoções, onde fossem recebidas sem ressalvas ou tentativas de eliminá-las.

Se nossos comportamentos disfuncionais derivam do medo que sentimos e do qual nos esquivamos recorrendo a nossos pilotos automáticos e comportamentos compulsivos, para quebrar padrões precisamos reaprender a sentir o desconforto, sem precisar fugir.

Seres humanos são como casas de tijolos; podem ter dois andares, podem ser térreas, podem ser um quarto e sala e podem ter dúzias de cômodos – mas casas de tijolos são casas de tijolos. Não importa seu tamanho nem formato, são feitas das mesmas coisas. Nós, seres humanos, somos casas de tijolos e nossos tijolos são nossos sentimentos.

{ Se nossos comportamentos disfuncionais derivam do medo que sentimos e do qual nos esquivamos recorrendo a nossos pilotos automáticos e comportamentos compulsivos, para quebrar padrões precisamos reaprender a sentir o desconforto, sem precisar fugir. }

Todos nós sentimos as mesmas coisas; o que muda são os gatilhos, os cenários e as circunstâncias que dão origem às nossas emoções. Mas nós somos todos iguais, e, devido aos condicionamentos que recebemos, funcionamos mais ou menos da mesma forma em relação ao que sentimos. Nos apegamos ao positivo e rejeitamos o negativo. Se estamos alegres, felizes e satisfeitos, buscamos eternizar esses sentimentos. Mas se nos sentimos tristes, raivosos ou amedrontados, tentamos desesperadamente não entrar em contato com esses sentimentos, mesmo que, com isso, acabemos criando mais confusão e sofrimento em nossas vidas.

O segundo passo do método do *LIBERTE-SE!* pressupõe a capacidade de interromper esse padrão de apego e rejeição. Quase todos os problemas que experimentamos em nossas vidas decorrem da dificuldade de entrar em contato e aceitar as emoções e sentimentos desconfortáveis com os quais somos, inevitavelmente, confrontados de vez em quando. Afinal, vivemos em uma dualidade e só conseguimos saber o que é frio porque um dia também conhecemos o quente. A mesma coisa pode ser dita em relação aos sentimentos e emoções considerados positivos: só sabemos o que é alegria porque já sentimos tristeza. É o contraste entre ambos que nos possibilita ter experiências e, por consequência, escolhas.

Na HOLOS já vínhamos estudando bastante os gatilhos, seus tipos e características e de que forma poderiam servir como o primeiro dos quatro degraus da escada do *LIBERTE-SE!*. Era hora de começar a tocar o desconforto, e eu sabia que isso seria difícil, porque é realmente desafiador sentir algo extremamente incômodo e não agir a partir disso. É ruim ser obrigado a ficar na presença de emoções negativas e desconfortáveis sem fazer algo para se livrar delas – e eu sabia disso, porque esse vinha sendo o grande desafio com minhas alunas e alunos do *LIBERTE-SE!* desde sempre.

Enquanto estávamos no terreno seguro da racionalização e dos aprendizados mentais, compreendendo de que forma um gatilho de ameaça e um de não pertencimento nos ativavam de modos diferentes, todo mundo estava super-"em casa". Quando o convite para sair da cabeça e entrar no corpo chegava, porém, as coisas começavam a desandar.

A verdade é que todo mundo quer mudar e ser mais feliz – mas quase ninguém quer fazer o "trabalho sujo" envolvido. Vivemos em uma sociedade que busca, prega e promete soluções mágicas, fórmulas para qualquer coisa e curas milagrosas. Basta mudar seu mindset, "ressignificar" crenças e pronto: seus problemas acabaram.

Por um lado, a formação plural de meus mentorandos e mentorandas da HOLOS enriquecia nosso modo de enxergar o ser humano. Mas, por outro, fazia muitos que estavam ali acreditarem que bastava fazer um gesto com a mão ao lado da orelha direita e dizer "cancela" em voz alta para um problema deixar de ser um problema. Como psicóloga, eu tinha horror a essas ferramentas – mas, como mentora de um método que vinha sendo transformador na vida de muitas e muitas pessoas, eu buscava engolir meus preconceitos e me dedicar a ensinar e desenvolver, nessas pessoas, o que era necessário para a prática do método.

Eu costumava convidar amigos para participar de nossos sábados de vivências mensais, e para aquele sábado convidei um amigo muito querido, mas muito polêmico. Ele não é o terapeuta mais amoroso, acolhedor nem "passador de mão na cabeça" do mundo, mas era a pessoa perfeita para fazer um movimento que trouxesse vulnerabilidade real para o grupo. A intenção era provocar, cutucar – não de forma irresponsável nem descuidada, mas com assertividade, que era uma das principais características desse profissional. Só que o resultado foi muito diferente do esperado, porque algumas pessoas se sentiram extremamente incomodadas e me escreveram mensagens

Vivemos em uma dualidade e só conseguimos saber o que é frio porque um dia também conhecemos o quente. A mesma coisa pode ser dita em relação aos sentimentos e emoções considerados positivos: só sabemos o que é alegria porque já sentimos tristeza. É o contraste entre ambos que nos possibilita ter experiências e, por consequência, escolhas.

raivosas, questionando minha atuação como mentora e o próprio método em si. Duas delas abandonaram o programa e nunca mais voltaram, mas a experiência me trouxe ensinamentos muito importantes.

Percebi que, para trabalhar com profissionais, precisava selecioná-los melhor; as pessoas descontentes com a experiência deixaram o programa e nunca mais apareceram. O programa de mentoria chegou ao fim tendo recebido avaliações positivas da maioria do grupo, mas decidi que não ia conduzir uma nova turma sem estabelecer critérios mais rigorosos para a admissão de participantes.

Mais do que isso, a experiência me mostrou coisas muito importantes sobre mim mesma: eu me orgulhava da minha formação de psicóloga e enxergava com ressalva alguns métodos terapêuticos alternativos, como constelações familiares, ThetaHealing e tantos outros que pressupõem a cura sem a apropriação de desconfortos – especialmente quando conduzidos por pessoas despreparadas. Foi difícil me enxergar assim, porque eu sempre defendi a bandeira de que existiam profissionais e profissionais, independentemente de suas formações. Continuo acreditando nisso, mas hoje não entregaria minha saúde mental a um profissional que não tenha uma formação sólida em Psicologia.

Além disso, me senti muito pouco ética por perceber que minha receptividade a essas formações na mentoria se devia mais a interesses financeiros do que a qualquer outra coisa. Mais uma vez, eu me enxergava como as pessoas que tanto criticava, para quem vender cursos e ganhar dinheiro era o mais importante de todo esse processo. Por fim, o tiro saiu pela culatra. Eu queria que as pessoas entrassem em contato com a própria vulnerabilidade, e quem tinha acabado chafurdando na vulnerabilidade havia sido eu: comecei a sentir novamente sintomas intensos de ansiedade e, na consulta seguinte com meu psiquiatra, percebemos que precisávamos aumentar a dose da medicação.

Foi a primeira vez que me dei conta de que minha ansiedade estava profundamente relacionada com meu trabalho – não que eu não soubesse disso. Mas talvez não fosse apenas uma questão de melhorar, de me esforçar e de fazer melhor da próxima vez. Talvez as regras que regiam a atuação no mercado digital não me servissem mais – de que adianta você usar o sabonete mais cheiroso e gostoso do mundo se a água que sai do chuveiro não é água pura, e sim esgoto? Até quando eu ia gastar energia, dinheiro e vida com a qualidade dos sabonetes que eu usava se a água da qual me banhava, o marketing digital, era pútrida e fedorenta?

Nunca mais conduzi uma turma da HOLOS – não sei se algum dia vou voltar a conduzir. Também não sei quais são as chances de um constelador familiar ou terapeuta quântico conseguir dar conta da saúde mental de uma pessoa em sofrimento. É possível que um meteoro caia na sua cabeça no exato momento em que você estiver lendo estas palavras? Sim – mas não é provável. Da mesma forma, é possível que você encontre um bom terapeuta sem que ele seja psicólogo, mas no campo das probabilidades elas pesam mais contra do que a favor que isso aconteça.

Eu vinha brigando com a Psicologia desde 2010 e, onze anos depois, fiz as pazes com ela. Sei que ser psicólogo não garante a ninguém ser um bom terapeuta, mas hoje acredito que as chances aumentem exponencialmente. Ser capaz de escrever isto nestas páginas, sabendo que vou provocar incômodo nas pessoas, é peça fundamental de um processo que demoraria mais um tempo até acontecer – mas que representou a mudança mais significativa que minha vida teria nos próximos anos.

Hoje sei que a HOLOS serviu para isso: para que eu pudesse estar aqui hoje, escrevendo este livro. A vida escreve certo por linhas tortas; às vezes, basta que estejamos com os olhos abertos o suficiente para reconhecer.

{14}

QUEM É VOCÊ?

Escrevo estas palavras diretamente de um quarto de hotel em Ribeirão Preto.

Me sinto vitoriosa por tudo o que vivi nos últimos dois dias. Vim sozinha para um congresso sobre Psicologia e Transtornos Alimentares, minha primeira experiência sozinha, do começo ao fim. Eu senti tanto medo, diário. Tenho 23 anos, sou uma psicóloga formada com uma bolsa de especialização em um dos melhores hospitais públicos do estado de São Paulo e me senti uma criança de 8 anos, com o coração batendo forte dentro do peito, quando entrei sozinha naquele ônibus e ganhei as estradas.

Aprendi tanto sobre mim nos últimos dois dias — e estou escrevendo para não esquecer jamais.

Descobri que tenho muito medo de parecer boba aos olhos dos outros. Que realmente sempre me preocupei demais em agradar às pessoas. Que, na intenção de parecer forte, contei mentiras — e acreditei nelas.

Que sou uma pessoa bem mais interessante quando sou apenas eu mesma.

Acho que, pela primeira vez, vou submetê-lo à leitura de outra pessoa. Penso em levá-lo para A Psicóloga te ler. Tenho buscado meu caminho, mas sinto que talvez eu não consiga sozinha. E tenho medo que minha "melhora", nos últimos meses, seja apenas porque estou tomando antidepressivos.

Sei que mudei muito. Meu corpo tatuado me mostra isso, mas a leitura recente que fiz de cada uma de suas páginas me trouxe algo ruim. Como um trailer de um filme triste, que me lembrou de algo que não sei bem o que é.

Eu me feri tantas e tantas vezes, senti tanta culpa — pelo quê? O que foi que, afinal de contas, eu sinto ter feito de tão errado?

Buscar ser amada é, assim, algo tão ruim?

> "VOCÊ NÃO TEM MAIS CERTEZA DE QUEM VOCÊ É: VOCÊ É SOMENTE UMA PERSONALIDADE DISPERSA, UMA PERSONALIDADE EM DISSOLUÇÃO. MAS ISSO É BOM, PORQUE, A MENOS QUE ESSE FALSO EU DESAPAREÇA, O VERDADEIRO NÃO PODE SURGIR."[9]
>
> OSHO

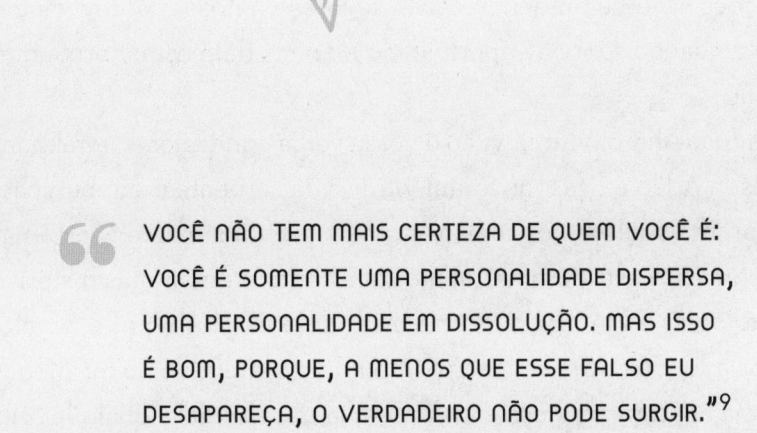

---

[9] OSHO. The Book of Secrets. Tradução livre. Discurso #70.

Heróis e vilões

Nós, seres humanos, estamos sempre esperando por um herói – alguém que nos salve, que resolva nossos problemas, que nos faça enxergar o outro lado da vida e que nos resgate de nossa própria miséria. Isso é tão humano quanto nossa capacidade de sentir emoções – e essa tendência talvez favoreça a nossa sobrevivência e perpetuação sobre a superfície do planeta, da mesma forma que as emoções.

A tríade herói-vítima-vilão é nossa velha conhecida. Literalmente desde Adão e Eva, que foram vítimas da serpente e, em punição, acabaram expulsos do paraíso, estamos profundamente acostumados com essa estrutura narrativa. Ela é comum em muitas histórias e mitologias ao redor do mundo: na mitologia grega, por exemplo, temos a lenda de Perseu, herói imbuído da tarefa de matar Medusa, uma criatura perigosa e maligna que transformava qualquer um que olhasse para ela em pedra. A vítima, a princesa Andrômeda, é salva quando Perseu derrota Medusa e a salva de sua triste sorte.

Essa narrativa também está presente na cultura popular: os livros e as histórias muitas vezes retratam heróis que resolvem grandes problemas. Branca de Neve é salva pelo príncipe encantado depois que a madrasta dela, uma bruxa má, a assassina com uma maçã envenenada. João, aquele do pé de feijão mágico, derrota o gigante maldoso e salva a si mesmo e sua mãe da pobreza infinita. O que dizer de São Jorge, que vence o dragão e salva a cidade que, aterrorizada, arde em chamas?

Todos nós crescemos sendo submetidos, desde sempre, a essa narrativa; como resultado, acabamos internalizando a ideia de que alguém virá e resolverá nossos problemas, sem que tenhamos que sujar as mãos.

A vida é cheia de desafios, incertezas e ameaças. Buscar um salvador nos proporciona uma falsa sensação de proteção, a esperança de que alguém mais poderoso e habilidoso do que nós vai surgir para nos ajudar a lidar com as situações difíceis. Além disso, a tríade vítima-herói-vilão oferece uma narrativa simples para compreender problemas complexos.

Isso elimina a necessidade de examinar nuances e responsabilidades mais profundas. É mais fácil culpar um "agressor" e esperar por um "salvador" do que enfrentar a complexidade das circunstâncias.

Na perspectiva da psicologia evolutiva, a tendência de buscar um "grande herói" ou um "salvador" pode ser entendida em termos das adaptações cognitivas e comportamentais que os seres humanos desenvolveram ao longo de sua evolução com a finalidade de sobreviver e perpetuar a espécie. Durante a maior parte da evolução humana, os ambientes eram repletos de ameaças potenciais, como predadores e condições ambientais adversas.

Aqueles que eram mais sensíveis a detectar e responder a ameaças tinham mais probabilidade não apenas de sobreviver e transmitir seus genes, mas também de oferecer a liderança necessária para proteger o coletivo contra os perigos.

A evolução também favoreceu comportamentos cooperativos e gregários, que tornavam a espécie humana – que não era a mais forte, a mais rápida nem a mais resistente – mais adaptada. Quando um líder (o herói) apontava um inimigo em comum (o vilão), a horda de seres humanos (vítimas) se unia contra esse inimigo, aumentando sua chance de vencer e sobreviver.

Esse tipo de cooperação teria sido vantajoso em ambientes onde indivíduos enfrentaram desafios que não podiam ser superados individualmente.

Essa narrativa está tão internalizada em nós que é quase como se viesse "de fábrica", marcada em nosso DNA – a minha era velha

{ A vida é cheia de desafios, incertezas e ameaças. Buscar um salvador nos proporciona uma falsa sensação de proteção, a esperança de que alguém mais poderoso e habilidoso do que nós vai surgir para nos ajudar a lidar com as situações difíceis. }

conhecida. Eu a vivia desde sempre e meus pais tinham sido as primeiras pessoas a figurar nela. Por muito tempo, especialmente durante o período de divórcio dos meus pais, quando eu tinha 18 anos, minha mãe foi a vilã e meu pai, o super-herói. Quando comecei a me relacionar amorosamente, enxergava essa dinâmica em meus relacionamentos o tempo todo: o namorado traumatizado pela ex-namorada vilã era um coitadinho injustiçado, e eu seria a salvadora da pátria ao devolver amor verdadeiro ao seu coraçãozinho magoado. Quando conheci Ricardo e ele tinha um tumor no cérebro, o tumor era o vilão; Ricardo, a vítima. A figura do herói se revezava entre mim e o corpo médico – nada de novo entre o céu e a Terra.

Essa dinâmica era minha velha conhecida, a raiz de um mal que abordo com bastante cuidado em meu primeiro livro, *Sua melhor versão*, a codependência emocional. Quando sofremos dessa dinâmica, frequentemente nos colocamos no papel do herói: nos responsabilizamos por problemas que não são nossos, enxergando nas outras pessoas vítimas e coitadinhos que precisam de nós e de nosso apoio – e, quando essas pessoas não agem como gostaríamos que agissem, ou não reconhecem nossos esforços, nos tornamos as vítimas indefesas, e as pessoas que antes protegíamos se tornam verdadeiros algozes egoístas e interesseiros.

Eu conhecia bem essa dinâmica – trabalhava com ela diariamente, pois a codependência emocional era o ponto-chave do meu trabalho nos cursos online e nas redes sociais. No entanto, a despeito da familiaridade que eu tinha com essa temática no campo dos relacionamentos pessoais, não percebia o quanto essa narrativa tinha me aprisionado no campo profissional – eu era a vítima indefesa, o marketing digital era o vilão, e o herói se revezava no palco da minha vida travestido de fórmulas, estratégias e pessoas que surgiam do nada com receitas mágicas de como transformar a minha existência naquilo que eu queria que ela fosse.

E foi assim que mais uma heroína apareceu na minha vida, personificada em uma seguidora antiga que um dia me mandou uma mensagem. Ela dizia coisas bem pertinentes e que faziam muito sentido: que minha comunicação estratégica era confusa, que ela não percebia uma correspondência entre o que eu compartilhava nas redes sociais e o que eu vendia – e que ela podia me ajudar nisso. Ela se apresentava como mentora de mulheres, tinha uma história de vida muito interessante e obtivera grande visibilidade com um projeto que desenvolvera alguns anos antes, o qual tinha a sororidade como tema de fundo.

Ela era uma pessoa muito interessante, e a identificação foi imediata. Assim como eu, tinha dois filhos, morava na praia e era casada com o homem da sua vida. Nos demos bem de imediato, trocamos algumas mensagens e me surpreendi positivamente com sua assertividade. Marcamos um papo para a semana seguinte, e rapidamente comprei um programa de mentoria com ela – um ciclo de seis meses de trabalho, durante o qual ela me ajudaria numa série de coisas que eu sabia que eram importantes para mim.

A perspectiva era a de que, alinhando minha comunicação com a audiência e preparando com mais intencionalidade o que eu publicava nas redes sociais, faria muito menos esforço na hora de vender, porque as pessoas já estariam preparadas para a compra – e esperando por ela. As ideias faziam muito sentido para mim, e ela acabou entrando para a minha folha de pagamento mensal.

Os primeiros meses de trabalho foram excelentes: ela era dinâmica, bem-humorada e me ajudava muito. Em um momento em que a vida voltava ao "normal" depois da pandemia e eu tinha que encontrar um novo equilíbrio entre minha vida profissional e a familiar, com crianças frequentando a escola e apresentando novas demandas, ela foi o sopro de brisa fresca a me dar esperança de que eu seria capaz de dar conta de mim mesma. Uma ferramenta muito importante que ela me ensinou (e pela qual sou muito grata até hoje) foi a conexão com a minha ciclicidade. Segundo ela, um dos grandes motivos pelos quais eu me sentia tão pesada e desarticulada na minha própria vida vinha da falta de harmonia com cada fase do meu ciclo menstrual.

Num primeiro momento essa ideia pode parecer maluca ou hippie demais – para mim pareceu. Mas, depois de um tempo refletindo, conversando e estudando sobre o tema, fez muito sentido. Afinal, nós, mulheres que menstruam e pessoas designadas mulheres no momento do nascimento, vivemos as quatro estações do ano em um único ciclo menstrual. A menstruação é nosso inverno interno, quando nos sentimos recolhidas e nos interiorizamos. O pré-ovulatório é nossa primavera, quando nosso nível de energia emerge das cinzas e aumenta gradativamente. A ovulação é nosso verão interno, quando estamos no auge da energia e da expansividade. E o outono é o pré-menstrual, quando sentimos a energia minguar na direção de um novo inverno.

Pensar em termos de ciclicidade era natural para mim. Minha formação em medicina chinesa me fazia enxergar a parte no todo e o todo na parte o tempo todo. Todos os sistemas de órgãos e vísceras estavam representados em microssistemas como a orelha ou a sola dos pés, por exemplo – esse entendimento era a base da auriculoterapia e da reflexologia.

Na medicina tradicional chinesa, a teoria dos cinco elementos trazia essa mesma correspondência entre o macro (a natureza) e o micro (nosso corpo). Esse é um conceito fundamental não apenas na medicina, mas também em várias outras áreas da cultura chinesa, como a filosofia e a cosmologia. A busca pela compreensão das interações e relações entre diferentes aspectos da natureza e da vida, bem como sua influência em nossa saúde e bem-estar emocional, eram minhas velhas conhecidas.

Comecei a acompanhar a minha ciclicidade e a buscar uma harmonia entre minhas atividades e o nível energético de cada momento do meu ciclo. No momento da menstruação eu me permitia estar mais recolhida e quietinha – me permitia descansar. Eu, que não parava nunca e estava sempre com mil atividades engatilhadas, comecei a me permitir dar pausas e fazer o mínimo necessário nesses dias. Foi muito reconfortante me permitir ser o planeta Terra afastado do Sol e recolhido às sombras. Percebi que passei a me sentir muito mais energizada ao longo do restante do ciclo depois que comecei a prestar mais atenção nisso.

Quando a menstruação ia embora, era hora de sair da toca e aumentar meu nível de atividade gradativamente – o que, para mim, era uma grande dificuldade. Minha tendência sempre foi ser oito ou oitenta e ir de zero a cem em dois segundos. Perceber que eu poderia alimentar a minha energia com um aumento gradual nas atividades foi uma grande descoberta.

A ovulação era o momento de maior energia no ciclo, quando eu tinha disposição para fazer tudo o que fosse necessário e mais um pouco. Eu precisava de menos horas de sono e aguentava o tranco de uma rotina de trabalho mais intensa. Até mesmo minha disposição para atividades físicas estava maior.

E o pré-menstrual era o momento de desacelerar e de desapegar. Quando as primeiras notas de tristeza e melancolia se faziam notar, eu percebia a dificuldade que tinha em começar a diminuir o meu ritmo e desapegar de tudo aquilo que não fazia sentido levar para um próximo ciclo.

Pensar nesses termos fez tanto sentido para mim que tive o insight fabuloso de adequar minha rotina de lançamentos à minha ciclicidade. Claro que a ideia era totalmente maluca e impraticável, porque todas as ações estratégicas demandavam planejamento e organização; esperar a menstruação descer para definir datas e prazos para um lançamento era absolutamente impossível. Num mundo ideal, em que vivêssemos uma rotina mais equilibrada com os ritmos naturais, essa teria sido a melhor ideia do mundo. Mas, com todas as variáveis que estavam envolvidas naquele momento da minha vida profissional, adicionar mais uma – e uma tão particular quanto a menstruação – levou minha equipe ao desespero. De repente, o sucesso ou o fracasso do meu business dependia do meu calendário menstrual. Acho que meu time achou que eu estava ficando louca.

No paralelo, porém, minha nova mentora me apoiava em minhas iniciativas, e começou a participar do planejamento estratégico dos meus lançamentos como parte da equipe. Rapidamente o valor que eu pagava a ela todos os meses dobrou, e ela era a pessoa com quem eu mais tinha contato no meu dia a dia. Qualquer ideia de postagem, de conteúdo, de curso, ela era a primeira a saber. Quando surgia uma dificuldade ou dúvida dentro da equipe, frequentemente eu dizia: "Deixa eu ver rapidinho com a fulana".

Começou a surgir um sentimento de inimizade entre meu time e ela, que, por vezes, criava desavenças e dava minialfinetadas nas pessoas. Eu comecei a me incomodar com isso, mas estava completamente dependente dela. Ela tinha a fórmula que ia impulsionar de vez o meu negócio. Ela sabia algo sobre o que eu deveria fazer que ninguém mais sabia. Eu *precisava* dela – ela era a *minha* heroína. Em alguns momentos, cheguei a projetar a figura do vilão na minha equipe – e, de certa forma, era incentivada a isso por ela, que concordava com tudo o que eu dizia de modo indiscriminado.

Entretanto, seis meses se passaram e a realidade do trabalho não mudou. Alinhei minha comunicação estratégica, passei a fazer lançamentos em períodos da ciclicidade mais favoráveis, tentei dar um tom mais descontraído e autêntico para assuntos que, antes, eu talvez tratasse com uma seriedade excessiva. Mas os resultados não se tornaram mais expressivos, e agora eu tinha um problema de relacionamento na minha equipe; frequentemente me sentia como uma professora de escola primária, tendo que resolver pendengas entre as crianças – no caso, minha suposta mentora e meus colaboradores. Por mais que eu estivesse careca de saber que quando um não quer dois não brigam, e que meu time tinha participação na dinâmica desconfortável que se abatera sobre a equipe, era nítido o quanto ela estava sendo a catalisadora desse processo. Ela era irônica, fazia piadas ardidas e cobrava da equipe posturas que ela mesma não tinha.

Foi ficando mais e mais evidente o quanto ela se sentia insegura, e o quanto criar confusão tinha sido uma estratégia, consciente ou inconsciente, não sei, de "dividir para dominar". No fundo do meu coração, acredito que não era intencional. Mas, em um momento em que já enfrentávamos tantas dificuldades, problemas de relacionamento na equipe não facilitavam as coisas. Além disso, muitas das coisas que ela tinha se comprometido a fazer, por exemplo, me ajudar a organizar uma esteira de produtos digitais, não foram executadas. Ao final de um ano, rompemos o contrato e interrompemos nosso trabalho juntas.

Para quem ensinava sobre ciclicidade, a postura dela em relação ao término do trabalho foi bem esquisita – acho que, no fim das contas, ela não lidava tão bem assim com o "outono" dos processos. Ela deixou de me seguir nas redes sociais, assim como seu marido; nunca entendi o porquê e nem tive a chance de perguntar, porque também fui bloqueada no WhatsApp.

Aparentemente, para ela, a vilã era eu.

{15}

VOLTANDO À ESSÊNCIA

Tive um colapso hoje no hospital. Estou atendendo um senhorzinho de 78 anos, com um câncer em estado terminal.

Eu gosto dele, de conversar com ele. Quase nunca sei o que dizer, porque o que podemos falar para uma pessoa que sabe que está morrendo?

Eu cheguei ao hospital hoje me sentindo muito estranha. Não sei, muitas coisas têm acontecido e mexido comigo. Estava atrasada, não encontrava vaga para estacionar, chovia e eu estava sem guarda-chuva. Quando finalmente entrei no ambulatório, estava ensopada, mas fui ao banheiro, me enxuguei como deu e, quando vesti o jaleco branco, parecia que tudo tinha ficado para trás.

Algo acontece quando eu visto o jaleco branco, quer dizer: é como se eu me transformasse em outra pessoa. Me sinto mais madura, mais capaz, mais importante — e foi me sentindo importante que segui para a oncologia, para atender o senhorzinho. Mas quando cheguei lá e vi a cama vazia, sem lençol, e ele não estava no quarto, entendi que ele tinha morrido.

E tive uma crise de choro. Comecei a chorar copiosamente porque ele tinha morrido e eu nunca mais o veria. Senti que não tinha, verdadeiramente, dado o meu melhor. Ele era sempre o primeiro paciente que eu atendia quando chegava ao hospital, geralmente ainda com sono e com o cérebro acordando — me senti incapaz, e agora nada mais poderia ser feito.

Foi quando ele saiu do banheiro e me surpreendeu chorando. Ele me olhou, sorriu e disse: "Você achou que eu tinha morrido?". Eu comecei a rir, a rir muito, e ele também, e nos abraçamos. Eu disse a ele que estava muito feliz por ele estar ali e que, se ele tivesse partido, ia fazer muita falta. Ele me olhou de um jeito que me trouxe mais lágrimas aos olhos, mas a enfermeira-chefe do setor, que é um verdadeiro pé no saco, entrou naquele momento e o clima se desfez.

Eu voltei a ser quem eu sou quando visto o jaleco branco; troquei palavras amenas com a enfermeira, que me olhava ressabiada, e disse que voltava mais tarde. A pessoa no jaleco branco que eu sou saiu do quarto e seguiu andando pelo corredor.

Quando cheguei na entrada do setor, me encontrei com a filha do senhorzinho e seu marido, que me disseram que ele estava de alta e iria para casa. Fiquei feliz por ele, muito mesmo, e não sei por que não voltei para o quarto para me despedir.

Ele não morreu, mas eu fui embora e não me despedi.

❝ A SEGURANÇA É UMA GAIOLA DE OURO.”[10]

OSHO

---

[10] Tradução livre. Disponível em: https://www.osho.com/newsletters/security-is-a-golden-cage. Acesso em: 26 mar. 2024.

Perdida na personagem

Apesar de todos os pesares, minha última mentora tinha feito uma contribuição importante para minha vida: eu tinha voltado a atender pessoas individualmente. Essa era uma demanda antiga da minha audiência à qual eu resistia muito; eu sentia medo. Por mais que tivesse um repertório de experiências terapêuticas extremamente bem-sucedidas, fazia sete anos que eu não me sentava diante de alguém e realmente aprofundava o processo. Eu tinha medo de ter deixado de ser boa.

Hoje vejo que eu estava perdida demais na visão que as pessoas tinham a meu respeito. Alguns anos antes, muito antes de Dante nascer, cheguei a fazer algumas sessões de psicoterapia com uma psicóloga que havia sido muito recomendada. Ela tinha bastante experiência com mães e puérperas e me parecia uma boa ideia conversar com alguém experiente sobre aquelas minhas noias – na época, nem com Ricardo eu conversava.

Fiz poucas sessões; não me senti verdadeiramente compreendida nem vista pela profissional. Mas acho que nunca vou me esquecer de algo que ela disse, que me incomodou profundamente na época, mas que com o passar do tempo fez mais e mais sentido: eu tinha me perdido na personagem Flavia Melissa da internet.

Da primeira vez, demorei a entender o que ela estava dizendo. Como assim? Eu era a Flavia Melissa e meu trabalho era ser a Flavia Melissa – eu não conseguia entender essa distinção que ela propunha entre a Flavia da vida privada e a Flavia da internet. Elas eram a mesma pessoa. Sempre tinham sido. Não existia esse momento em que eu deixava de ser uma para me tornar a outra, era ato contínuo – que porra de personagem ela estava insinuando que existia? Minha carreira inteira tinha sido construída dessa forma: com base na espontaneidade, na autenticidade, no que EU era. Meus vídeos não eram roteirizados, minhas falas não eram ensaiadas. Meu trabalho era ser eu e compartilhar a minha jornada com as pessoas.

Ela me disse que eu tinha construído uma imagem e que estava presa a ela. Eu a ouvia, mas simplesmente não a compreendia. Era como se ela estivesse falando japonês; as palavras que ela dizia não faziam sentido nem se articulavam entre si.

Hoje entendo perfeitamente o que ela quis dizer. Ela estava totalmente certa: eu tinha criado uma personagem e estava totalmente presa a ela: a Flavia Melissa da internet, a *web celebrity*, "Diva do Autoconhecimento", como alguns seguidores gostavam de me chamar. E eu estava profundamente identificada com ela.

Voltar a atender individualmente significava abrir mão desse personagem que está sempre em evidência, com todos os seguidores e likes e toda a visibilidade. Eu era a Flavia Melissa da internet, sempre gravando vídeos e podcasts e produzindo conteúdo para milhares de pessoas, recebendo milhares de likes – ainda que não recebesse mais todos os milhares de reais que um dia tinha recebido. Na verdade, recebia cada vez menos; mas quem eu seria se voltasse a atender pessoas em vez de fazer o que eu fazia? Uma psicóloga *qualquer*?

Eu estava profundamente identificada com minha imagem e com a personagem bem-sucedida que tinha criado, com seus lançamentos múltiplos de seis dígitos que por fora eram bela viola, mas que não mantinham mais a empresa funcionando. Eu pagava altos salários, investia cada vez mais em tráfego, pagava cada vez mais impostos – e sobrava cada vez menos para mim e minha família. Tínhamos nos mudado para Ilhabela e deixado de pagar aluguel, mas parecia que essa economia não fizera a menor diferença no nosso orçamento mensal. Eu sabia que a situação que estávamos vivendo precisava de uma mudança significativa ou não se sustentaria mais por muito tempo.

Eu sentia muito medo e me via muito presa a coisas que faziam cada vez menos sentido. Me sentia cada vez mais distante da espiritualidade, do senso de conexão e do que, um dia, havia sido meu propósito. Eu achava graça quando me lembrava de que apenas alguns anos antes acreditava que meu propósito era contribuir para o processo de Despertar do maior número de pessoas possível. Hoje em dia sentia que meu propósito era apenas pagar as contas, cuidar dos meus filhos e tentar não ter uma crise de ansiedade cada vez que pensava nos planos para o futuro.

O rato, numa ratoeira.

O hamster girando a roda, girando a roda, girando a roda.

Ter voltado a atender individualmente não foi uma escolha propriamente dita. Era a exploração de um nicho de mercado, era dar conta de uma demanda que eu sabia que existia e que não fazia sentido continuar ignorando. Hoje vejo que, na verdade, não me faltava vontade. Me faltava coragem, pois estar ali, no *one on one* com as pessoas, era ser uma Flavia Melissa da qual eu nem me lembrava mais. Era descer dos palcos e das luzes e câmeras e toda a ação e estar simplesmente ali, disponível, *verdadeiramente disponível* para uma pessoa que não era mais apenas uma curtida nem um comentário na rede social. A pessoa sentada diante de mim estava ali comigo e esperava receber algo – e se eu simplesmente não conseguisse corresponder às suas expectativas?

Mas minha resistência a voltar a ser uma psicóloga *qualquer* falou mais alto, por isso não voltei a atender em psicoterapia. Em vez disso, dei o nome do momento, mentoria, que batizei de Íris – a flor de três pétalas que representavam os três pilares fundamentais do processo: Sabedoria, Fé e Coragem. Sabedoria para tirar as ideias da cabeça e transformar a teoria em prática. Fé para correr

{ Eu sentia muito medo e me via muito presa a coisas que faziam cada vez menos sentido. Me sentia cada vez mais distante da espiritualidade, do senso de conexão e do que, um dia, havia sido meu propósito. }

riscos, confiando na vida como nossa amiga. Coragem para desbravar novos horizontes internos, romper padrões e abandonar as Zonas de Conforto.

Hoje vejo que, sem a Íris, eu nunca estaria vivendo o que vivo hoje. Com a Íris, redescobri o prazer que sentia quando era "apenas" uma psicóloga – estar ali, realmente ouvir a pessoa e conhecer as profundezas de seus sentimentos e de sua alma, muito mais do que meia dúzia de palavras em um comentário na rede social. Percebi que atender pessoas individualmente não era apenas atender a uma demanda do mercado: era atender a uma demanda pessoal, minha, que eu nem sabia que tinha.

Agradeço muito a todas as minhas mentorandas que se abriram para me receber em seus processos por meio da Íris – elas acreditaram em mim quando nem eu mesma acreditava. Cada processo que conduzi foi um presente que recebi, pecinhas de um quebra-cabeça que finalmente, muitos anos depois, voltava a se encaixar. A Íris não apenas salvou as contas que os lançamentos não mais pagavam – ela me reconectou comigo mesma. Apesar de serem processos fechados, com começo, meio e fim, eles acabaram se revelando muito profundos. As pessoas estavam sendo verdadeiramente tocadas.

E eu também.

Como se eu fosse quem não era

Paralelamente à Íris, eu continuava dedicada ao online. Mais um lançamento chegou e, com ele, mais um lançador. Mais uma esperança, mais uma mobilização enorme de equipe, de recursos, de tempo. Mais dois ou três meses malucos. Mais *lives* intermináveis, materiais de apoio para as aulas – mais de tudo, mais do mesmo. Nada daquilo era novidade para mim – nem os resultados financeiros obtidos. Ganha cem mil aqui, paga trinta mil de tráfego, mais dez mil para a plataforma, mais dez mil de imposto, sobraram cinquenta mil para pagar a equipe, que custa trinta. Sobram vinte mil: daqui a dois meses precisamos fazer mais um lançamento. Enquanto isso, vamos tirar dinheiro do investimento X para pagar as contas.

Não fazia o menor sentido, eu sabia disso. E hoje, olhando em retrospectiva, percebo que todos os elementos estavam ali – todos, todos eles. As pessoas, ávidas por atendimento individual. As turmas dos cursos, cada vez mais escassas. Eu, me sentindo cada vez mais morta fazendo o que fazia.

Minha ansiedade nas tampas – meu psiquiatra falava em, mais uma vez, aumentar a dose da medicação. Eu me sentia sem saída, como se fosse uma formiga tentando escalar o Himalaia.

Mas eu continuava acreditando que, um dia, *alguma coisa* aconteceria. Resolvi refilmar um curso que tinha criado muito tempo antes, atualizá-lo e relançá-lo: horas e horas de roteirização, gravação e filmagem. Mais tráfego, mais *lives*, mais material de apoio. Mais do mesmo, mais do mesmo, mais do mesmo: eba, ganhamos cem mil – paga isso, paga aquilo, sobra tanto. Outro resgate de investimento. Mas *alguma coisa* aconteceria.

Vamos refilmar o *LIBERTE-SE!*, que está desatualizado. Roteiro, filmagem, edição, tráfego, *lives*, material de apoio – fizemos 160 mil, que legal! Durava dois meses – durava cada vez menos. Resgata dinheiro do investimento.

Resgata. Resgata. Resgata. Eu atendia cada vez mais a processos individuais – eram eles que salvavam as contas no final do mês.

Enquanto isso, eu sorria na internet e ensinava as pessoas a lidar melhor com suas emoções como se fosse uma pessoa que eu não era. Não porque eu fosse ruim em ensinar coisas às pessoas – de jeito nenhum.

Adoro dar aulas, gerar insights e apresentar novas possibilidades de existir para as pessoas. Mas faz parte da fórmula passar a imagem de alguém que já fez a lição de casa, cruzou um portal e está ali, do outro lado da transformação possível, de braços abertos para receber os pobres mortais que ainda não chegaram lá. E eu sentia ser tudo menos essa pessoa transformada.

Eu continuava esperando que *alguma coisa* acontecesse – só não via que já estava acontecendo.

{16}

A MORTE
É O FIM?

Hoje atendi uma paciente acamada, com múltiplos cânceres.

Dizem que, quando ela chegou ao hospital, um dos tumores localizados em seu útero saía pela vagina — e ela, envergonhada, o colocava para dentro de volta. Hoje ela é chamada à boca miúda como A Mulher Oca, sem útero, sem ovários, sem bexiga e sem parte do estômago e do intestino. Dizem que ela está morrendo. Mas ela me parece estranhamente mais viva do que eu.

Eu daria parte dos anos da minha vida para não precisar falar com pessoas que estão morrendo da forma como ela parece estar morrendo. Tão viva. Tão consciente de sua condição e, ao mesmo tempo, tão frágil. Enxergo a fragilidade dela em mim, mas eu, ao contrário dela, não estou morrendo e nem de perto sou tão viva e consciente quanto ela.

Fico pensando se a morte é algo que devemos evitar tanto assim, e esse pensamento me dá calafrios, porque eu mesma já pensei na morte como uma amiga a ser reencontrada. Me lembro de quando eu era pequena e ficava me perguntando se, caso eu pulasse pela janela da varanda de casa com um guarda-chuva aberto, cairia e morreria ou chegaria ao térreo levitando, como Mary Poppins.

Tenho certeza de que, quando morrer, A Mulher Oca vai chegar no paraíso levitando. Enquanto isso, eu continuo me arrastando.

Graças a Deus essa especialização está acabando, diário. Não sei por quanto tempo mais eu conseguiria lidar com a morte sem sucumbir ao pensamento de que ela, afinal de contas, seria um grande alívio.

> "AS PESSOAS NÃO TÊM MEDO DA MORTE; ELAS TÊM MEDO DE PERDER A SUA SEPARAÇÃO, ELAS TÊM MEDO DE PERDER O SEU EGO. UMA VEZ QUE VOCÊ COMEÇA A SE SENTIR SEPARADO DA EXISTÊNCIA, O MEDO DA MORTE SURGE PORQUE A MORTE PARECE SER PERIGOSA. VOCÊ NÃO ESTARÁ MAIS SEPARADO; O QUE ACONTECERÁ AO SEU EGO, SUA PERSONALIDADE? E VOCÊ TEM CULTIVADO A PERSONALIDADE COM TANTO CUIDADO, COM UM ESFORÇO TÃO GRANDE; VOCÊ A POLIU A VIDA TODA E A MORTE VIRÁ, E A DESTRUIRÁ. SE VOCÊ ENTENDER, SE VOCÊ VIR, SE VOCÊ PUDER SENTIR E EXPERIMENTAR QUE NÃO ESTÁ SEPARADO DA EXISTÊNCIA, QUE VOCÊ É UM COM ELA, TODO O MEDO DA MORTE DESAPARECERÁ PORQUE DENTRO DE VOCÊ NÃO HÁ NINGUÉM PARA MORRER. EM PRIMEIRO LUGAR, NÃO HÁ NINGUÉM ABSOLUTAMENTE: A EXISTÊNCIA VIVE ATRAVÉS DE VOCÊ."[11]
>
> OSHO

---

[11] OSHO. *The Guest: The Talk on Kabir*. Cap. #1. Tradução livre. Full Circle Publishing Ltd., 2008.

Pode ser que não haja um depois

A vida é um oceano, com suas ondas que vão e vêm – uma sucessão de momentos que criam memórias, vínculos e emoções profundas. Ela nos convida a todo momento para estarmos presentes; nossas emoções são, de certa forma, cutucões que a vida nos dá para sairmos da mente e entrarmos no corpo, onde tudo realmente acontece. É no corpo que sentimos amor. É no corpo que sentimos prazer. É no corpo que sentimos, também, a dor.

E damos tão pouca importância ao que sentimos; estamos tão aprisionados em um modelo de vida que prioriza o mental e subvaloriza a pele e o que acontece do lado de dentro dela, que é quase como se fôssemos eternos. Presos em nossos pensamentos e nas ideias mentais que construímos sobre a vida o tempo todo, priorizando coisas que não são prioridade e deixando de fora outras, talvez tão mais significativas.

Nem cogitamos interromper uma reunião, por exemplo, para ligar para alguém querido e dizer: "Eu te amo". Por mais que, se aquele filme que dizem que passa diante de nossos olhos quando morremos for real, dificilmente a reunião estaria nele – e a pessoa que amamos talvez esteja. Mas sempre achamos que vamos ter um depois, sempre achamos que vamos ter tempo – sempre achamos que vai existir um amanhã – mas ele, um dia, não vai chegar. Para nós, ou para alguém que amamos.

No final de junho de 2022, recebi uma mensagem de uma grande amiga, enviada para todos os círculos do OPH®, pedindo que todos vibrassem em amor e luz por Upadhi. Dizia que recentemente ela havia descoberto um câncer que em pouco tempo havia se tornado muito agressivo. Seu estado de saúde era muito delicado.

Ela deixava claro que não era um chamado para cura a distância, e sim de vibrações, orações, silêncio e celebração do amor que tínhamos por ela para apoiar sua jornada de volta à luz.

Ela tinha descoberto o câncer fazia pouco mais de seis meses, chegou a fazer quimioterapia, mas ficou muito debilitada e o corpo não aguentou. O câncer, que tinha chegado a diminuir um pouco na primeira rodada do tratamento, rapidamente se espalhou e ela começou a sentir muita dor. Ela foi para o hospital para receber alívio da dor por meio de medicamentos mais fortes e, no momento em que recebi a mensagem, ela estava sedada – os médicos diziam que era questão de tempo.

A gente sempre acha que vai ter tempo de tudo: de telefonar para pessoas queridas, de dizer eu te amo para pessoas especiais, de pedir perdão.

Vivemos na ilusão do tempo infinito, que nos cega para a realidade de que cada momento é fugaz e não se repete. Essa ilusão nasce da tendência humana de subestimar a finitude do tempo e superestimar nossa capacidade de controle sobre o futuro. Está enraizada em nosso desejo de evitar o confronto com nossa própria mortalidade e com a natureza efêmera da vida. À medida que adiamos ações e decisões, podemos nos sentir temporariamente aliviados do desconforto que enfrentar a passagem do tempo e a inevitabilidade da mudança pode causar.

Quantas vezes eu havia adiado expressar meus sentimentos por Upadhi? Quantas vezes havia pensado nela no meio de uma tarde corrida, entre uma reunião e outra, e simplesmente deixei para lá? Quantas vezes pousara meus olhos em seu livro, *A magia da vida* (Editora Dummar), ali na minha estante, e pensei em mandar uma mensagem? Mas a vida era tão exigente que eu simplesmente supunha que fazer isso em outro momento seria mais adequado.

Mas agora não havia mais um "depois" para isso. Ela estava sedada, inconsciente, no hospital, e eu nunca mais conseguiria dizer

{ Vivemos na ilusão do tempo infinito, que nos cega para a realidade de que cada momento é fugaz e não se repete. Essa ilusão nasce da tendência humana de subestimar a finitude do tempo e superestimar nossa capacidade de controle sobre o futuro. }

o quanto a amava, o quanto ela me inspirava só de pensar nela, e o quanto ela havia transformado a minha vida. Eu podia apenas esperar que, em algum lugar dentro do coração de Upadhi, ela soubesse disso.

―

Minhas primeiras experiências com a morte aconteceram com bichinhos que às vezes apareciam mortos no quintal da casa de Ilhabela. Às vezes eu encontrava passarinhos caídos do ninho, sem vida. De vez em quando achava uma lagartixa dura, fria e seca atrás de alguma porta. Uma vez encontrei um lagarto, provavelmente ainda filhote, atrás de uma moita próxima à cerca de casa. Em todas as ocasiões eu fazia a mesma coisa: pegava o bichinho, cavava um buraco e o enterrava. Colhia flores e folhagens para enfeitar a cerimônia e às vezes até fazia uma pequena oração.

Lembro de uma vez que conduzi essa cerimônia – minha irmã mais nova junto comigo – bem debaixo da janela do quarto dos meus pais. Meu pai acordou, abriu a janela e viu ali a sepultura. Não gostou nada daquilo, disse que não era pra gente ficar mexendo em bicho morto, que era nojento e que a gente poderia pegar alguma doença. Foi estranho, para mim, achar aquilo nojento. Eu achava bonito.

Desde a morte da Gi, quatro anos antes, eu enxergava o processo de deixar o corpo de uma forma diferente. Eu já tinha perdido meus avós, tinha perdido um primo que faleceu aos 21 anos quando eu era adolescente, mas ter perdido alguém próximo, realmente próximo, meio que me fez perder o medo de morrer. Isso é muito louco, porque a ideia básica por trás da ansiedade de doença é justamente o medo de morrer, mas eu não tinha mais esse medo. Tinha medo de descobrir uma doença grave que me fizesse sofrer, tinha medo de deixar meus dois filhos pequenos órfãos, tinha medo de passar por uma experiência difícil e ver as pessoas que eu amava sofrendo. Mas eu não tinha mais medo da morte; eu sabia que, quando minha hora chegasse, a Gi estaria ali para me receber.

A lembrança da finitude

Rita Upadhi Maggi deixou o corpo no dia 1º de julho de 2022 e seu falecimento abalou meu mundo de maneira profunda e intensa – não apenas pela saudade e pela tristeza, mas também por ter trazido à luz a minha dificuldade em me confrontar com minha própria finitude. É como se a partida dela tivesse colocado em destaque a vulnerabilidade da minha existência e a fugacidade da minha vida. Como se, de repente, eu tivesse ganhado clareza absoluta de que precisava me reinventar e mudar toda a minha vida, porque eu não ia viver para sempre e o tempo estava passando.

No momento em que fiquei sabendo de sua morte, eu tive um ataque de riso. Eu ria, ria e ria, até que as lágrimas começaram a escorrer – mas eu não parei de rir. Eu sentia o êxtase percorrer meu corpo. Não sentia mais saudade dela, porque de repente ela estava em tudo: no chão que eu pisava, no pássaro que saltou do galho da árvore e voou, nas árvores que balançavam ao sabor do vento – ela havia se transformado no vento.

Upadhi estava em tudo à minha volta e eu fiz a única coisa que consegui fazer: eu dancei. Liguei uma música que me fez sentido naquele momento e dancei, dancei e dancei. Eu dançava e olhava para o céu e dançava e, de certa forma, é como se eu visse Upadhi olhando para mim e rindo, rindo, rindo, gargalhando como quem diz: "Sua menina boba, quão ridículo é pensar que eu deixei de existir?".

Eu dancei por Upadhi, eu dancei com Upadhi, eu dancei para Upadhi; e, então, caí de joelhos e agradeci por tudo o que ela representava para mim, por todos os ensinamentos, por tudo o que ela transformara na minha vida. Agradeci por ela ter tocado meu coração, por ela ter tocado minha vida como só os mestres nos tocam.

{ A inevitabilidade da morte muitas vezes nos perturba, nos leva a questionar o propósito de nossa jornada e a confrontar os limites do nosso próprio entendimento. }

"Prem Rani", ela havia me batizado – Rainha do Amor. Ela havia me presenteado com um nome que eu nunca tinha de fato conseguido enxergar em mim – eu sentia sempre tanto medo que era difícil me enxergar assim. Mas, se ela me enxergava como rainha do amor, eu levaria quanto tempo fosse necessário para me tornar uma.

A inevitabilidade da morte muitas vezes nos perturba, nos leva a questionar o propósito de nossa jornada e a confrontar os limites do nosso próprio entendimento. Enfrentar a realidade de que um dia também morreremos exige uma coragem que muitas vezes lutamos para encontrar entre um compromisso e outro, que sempre parecem mais importantes do que o agora. A morte de Upadhi foi um lembrete doloroso e poderoso de que, apesar de minhas dificuldades, era crucial reconhecer e abraçar minha humanidade e encontrar maneiras de honrar a minha vida e as lições que sua passagem me ensinava.

Upadhi tinha me ensinado tanto em vida, mas parecia me ensinar mais ainda com sua morte. Eu entendi que uma mudança era necessária e só queria ter a certeza de que saberia reconhecê-la quando fosse a hora.

{ 17 }

EU SOU PORQUE NÓS SOMOS

Dia desses, na terapia, A Psicóloga disse algo que me deixou pensativa.

Ela me perguntou se eu já tinha reparado como pareço me interessar por homens que, de alguma forma, não me ameaçam — que, de alguma forma, são "menos" do que eu.

Eu nunca tinha pensado nisso, e de repente fez tanto sentido. Ela me perguntou como eu me sentiria se me relacionasse com alguém que eu enxergasse de igual para igual, e não alguém que eu olhasse de cima para baixo. Imaginei a cena e senti absoluto pavor.

Tenho tanto medo de ser abandonada, diário. Já escondi tantas coisas das pessoas por causa desse medo, já me fiz de forte, já fingi que não me sentia insegura ou ameaçada. Já entrei em tantos lugares com o nariz empinado, pelo simples fato de que não suportava a ideia de as pessoas me enxergarem como alguém pequeno e insignificante.

Hoje, sempre que sinto medo de ser abandonada, eu sou aquela que abandona. E não é fácil nem bonito reconhecer isso.

> "QUANDO ESTÁ EM RELACIONAMENTO COM PESSOAS, DE MIL E UMA MANEIRAS VOCÊ É PROVOCADO, DESAFIADO, SEDUZIDO. REPETIDAMENTE VOCÊ FICA CONHECENDO SUAS ARMADILHAS, SUAS LIMITAÇÕES, SUA RAIVA, SUA LUXÚRIA, SUA POSSESSIVIDADE, SEU CIÚME, SUA TRISTEZA, SUA FELICIDADE, TODOS OS HUMORES VÊM E VÃO, VOCÊ ESTÁ CONSTANTEMENTE NUM TUMULTO. MAS ESTA É A ÚNICA MANEIRA DE SABER QUEM VOCÊ É."[12]
>
> OSHO

---

12 OSHO. *Tao*: The Pathless Path. Tradução livre. Vol. 2, Cap. 6, 2002.

O peso do mundo nas costas

Quando eu tinha por volta de 6 anos e minha irmã ainda era um bebê, uma vez atirei um bloco de madeira nela, enquanto ela estava dentro do berço. Não me lembro de isso ter acontecido, mas esse sempre foi o relato de meus pais – que eu tinha *atirado* o cubo de madeira *na* minha irmã. Eu não tinha deixado cair, eu não tinha jogado no berço e quase a acertei – eu tinha propositalmente atirado o bloco de madeira *nela*.

Hoje, sendo mãe de dois meninos com três anos e cinco meses de diferença, consigo imaginar outras possibilidades além de um filho tentando propositalmente machucar o outro, mas cresci com essa ideia, de que eu tinha tentado machucar minha irmã. E me lembro claramente de meu pai dizer: "Se você tivesse acertado e machucado sua irmã, ela podia ter ficado cega para o restante da vida – e a culpa seria sua!".

O fato de essa história ser tão importante a ponto de estar registrada em minha mente está relacionado com algo que sempre esteve muito presente em minha vida: me sentir responsável pelas outras pessoas, como se dependessem de mim seu bem-estar, saúde e felicidade.

Nada disso era novidade para mim. Treze anos antes eu tinha sido diagnosticada como uma codependente e entendia que aquilo que eu sempre chamara de "dedo podre" era, na verdade, a expressão máxima de um padrão disfuncional de funcionamento em que eu buscava pessoas "quebradas" para consertar. Como consequência, ao invés de me sentir pequena, frágil e vulnerável, eu me sentia forte, potente e capaz ao ajudar as pessoas e fazer o bem.

Eu já tinha me recuperado da codependência em diversos aspectos da minha vida, mas ela ainda gritava – e eu tinha pouca ou nenhuma consciência disso. Até que um dia eu tive.

O processo de psicoterapia estava me ajudando muito. Ali eu tinha um espaço de auto-observação no qual me percebia de maneira totalmente nova. Já tinha feito terapia muitas vezes, tanto com psicólogos quanto com outros tipos de terapeutas, mas em nenhum processo meu próprio funcionamento tinha ficado tão claro. Talvez o fato de meu psicólogo ser especialista em ansiedade e a ansiedade ter passado a ser a questão central da minha vida, talvez pela abordagem em ACT que eu nunca tinha experimentado, talvez apenas porque ele fosse um cara muito legal mesmo e tivesse um jeito muito bacana de ver o mundo, o fato é que eu sentia muitas mudanças positivas em razão do processo de psicoterapia e não cogitava interrompê-lo tão cedo.

Na terapia, eu quase só falava do meu trabalho. Era como se somente ele existisse. Se não estava falando de trabalho, estava falando de algum sintoma de doença que estava tendo, sobre um hematoma esquisito que tinha aparecido na perna de um dos meus filhos ou sobre o resultado de um exame que eu estava esperando. Era como se só existissem essas duas coisas: trabalho e doença. De certa forma, era só isso que existia mesmo.

Apesar de não sentir mais tantos sintomas físicos de ansiedade, os pensamentos ainda me perturbavam muito e eu buscava desenvolver uma forma de lidar com eles.

A passagem de Upadhi tinha me impactado profundamente. Era como se, de repente, eu não tivesse mais como me esconder de mim mesma. Eu não estava feliz. Apesar de amar fazer tudo o que eu fazia, eu também odiava muitas coisas. Eu amava dar aulas, ensinar pessoas, pensar junto e construir uma forma diferente de viver a vida e enfrentar desafios. Mas odiava ter que estar presente na internet o tempo todo, compartilhando cada segundo da minha vida sob o risco de me prejudicar – ou aos negócios – se não o fizesse. Eu amava estudar, elaborar materiais de apoio para as aulas, fossem elas gratuitas ou pagas; mas odiava ter que escrever ou aprovar mil e-mails e escrever textos para página de vendas. Acho que todo trabalho é assim. Mas uma das coisas que mais pesavam na minha vida era pensar no valor de salários que eu pagava todos os meses.

Eu adorava repetir que a vida de seis famílias dependia de mim – nem eram seis, eram três, no máximo quatro, contando a minha própria família. Mas eu dizia: "Não posso me dar ao luxo, as vidas de seis famílias dependem de mim". Era uma fala que me trazia muito, muito peso, mas também trazia uma justificativa. Eu não arregaçava as mangas e colocava a mão na massa porque não queria, não podia ou não sabia como fazer. Eu não fazia aquilo que sabia que tinha que fazer porque era a mártir sofredora, responsável pelo sustento de famílias que – vamos falar a verdade? – nem existiam.

Na terapia, comecei a refletir sobre o que realmente estava em jogo quando eu me colocava nesse lugar – um lugar de extrema responsabilidade pelas pessoas que trabalhavam comigo. Sentir-se responsável pela felicidade de outras pessoas é um fenômeno complexo e multifacetado que pode ser influenciado por uma série de fatores – de extrema empatia a traumas variados. Eu investigava os meus porquês, mas, de certa forma, me sentia nadando contra a maré – ao mesmo tempo que ficava cada vez mais clara a dinâmica de codependência que eu havia desenvolvido com minha equipe, não sabia o que fazer com isso.

Sempre gostei de trabalhar com amigos queridos. Eu amava profundamente cada uma das pessoas do meu time e, quando nos conectamos emocionalmente com alguém, naturalmente nos preocupamos com seu bem-estar e desejamos vê-lo feliz. Essa ligação emocional nos leva a assumir a responsabilidade por seu estado emocional, pois queremos aliviar qualquer sofrimento que a pessoa possa vir a enfrentar.

Além disso, a sociedade desempenha um papel importante na formação desse sentimento de responsabilidade. Muitas culturas valorizam a solidariedade e o apoio mútuo, enfatizando a importância de cuidar uns dos outros. Isso pode levar as pessoas a acreditar que têm a obrigação de contribuir para a felicidade dos outros, mesmo que signifique sacrificar as próprias necessidades e bem-estar. Era exatamente o que eu fazia, mas não de modo altruísta: por dentro eu me sentia abusada, explorada e profundamente desgastada. Quando as pessoas davam algum tipo de mancada – e sempre acabamos dando, porque somos seres humanos e não máquinas –, eu me sentia ressentida e magoada, como se não estivesse sendo recompensada por meus sacrifícios.

Eu sabia que precisava encontrar um equilíbrio saudável entre cuidar dos outros e cuidar de mim mesma, porque me sentir responsável pela felicidade dos outros estava se tornando insustentável a longo prazo.

Eu percebia claramente a relação entre minhas primeiras vivências infantis e meu comportamento codependente. Havia me tornado uma especialista em monitorar emocionalmente as pessoas mais próximas – a felicidade, quando eu era criança, parecia tão frágil e incerta que minha estratégia de sobrevivência foi desenvolver hipervigilância em relação àquilo que fazia uma pessoa se sentir feliz ou triste comigo. Eu não podia negar que minha equipe literalmente me custava caro e que seria um alívio não precisar mais arcar com a folha de pagamento todos os meses caso eu, sei lá como, resolvesse jogar tudo pro alto. E, obviamente, perder o emprego não deixaria ninguém feliz.

Ao mesmo tempo, minha equipe percebia que as coisas estavam desandando. Eles estavam totalmente a par da situação financeira em que nos encontrávamos e alguns já estavam fazendo *freelas* e trabalhos com outras pessoas. Isso me dava um baita alívio e eu ficava feliz por eles, embora não diminuísse minhas preocupações com o valor de salários que eu pagava todos os meses.

Mas eu precisava de uma mudança – eu sabia que precisava. E, naquele mesmo instante em que me atormentava buscando uma saída para tudo, a vida me mandou um sinal. E eu, mais uma vez, o segui.

{18}

O OUTRO NÃO ME PREENCHE

Fui muito decepcionada por uma amiga.

De uma forma ou de outra, sempre me vejo caindo no lugar-comum de construir expectativas e vê-las cair por terra. Sempre foi assim. Parece que eu vivo idealizando pessoas e, quando elas não obedecem às minhas expectativas, não sobra mais nada.

Concordo com A Psicóloga quando ela fala que isso diz mais sobre mim do que sobre a pessoa que está me decepcionando. Diz sobre minhas necessidades não entendidas e também sobre o quanto eu me exijo ser perfeita para agradar aos outros — e, quando isso não acontece, eu me sinto traída.

Mas saber disso não muda em nada o tamanho da minha tristeza por perceber que eu não era tão importante para ela quanto eu achava que era. Eu sempre projetei nas pessoas a perfeição que desejei esculpir em mim e nunca ninguém conseguiu corresponder às minhas expectativas. Todas as pessoas me decepcionaram.

Dói saber que o problema está em mim, e dói mais ainda não saber como sair disso. Continuo esperando...

Quem acredita sempre alcança?

Nós, seres humanos, somos bichos engraçados.

Uma vez ouvi sobre uma pesquisa que foi conduzida no campus de uma universidade norte-americana. Os pesquisadores em comportamento humano haviam criado um labirinto no meio do campus, uma réplica exata de outro labirinto, em uma escala menor, utilizado em um experimento com ratos. No experimento, o rato tinha sido colocado no labirinto, e bem no centro dele colocaram um pedaço de queijo. O rato explorou o labirinto até encontrar o pedaço de queijo e comê-lo. Depois repetiram o experimento, mas desta vez sem o pedaço de queijo. O rato rapidamente encontrou o centro do labirinto e, sem encontrar o queijo, seguiu seu rumo em sua exploração.

No dia seguinte, fizeram a mesma coisa; o rato procurou o pedaço de queijo, não o encontrou e perdeu o interesse. E assim fizeram sucessivamente, por várias vezes, até que o pedaço de queijo deixou de ser um estímulo e o rato nem o procurava mais. Rapidamente, o pequeno roedor entendeu que não encontraria mais o pedaço de queijo, e quando era colocado no labirinto, não tinha mais o impulso inicial de encontrar o seu centro.

No campus da universidade, no labirinto em escala humana, foi colocada uma nota de cem dólares bem no centro da instalação. Alunos curiosos se interessaram pelo labirinto, o exploraram e, ao chegar ao centro, encontraram o dinheiro. Ficaram muito felizes com isso, evidentemente. No dia seguinte, voltaram a explorar o labirinto; desta vez não encontraram o dinheiro. Ficaram chateados, mas no dia seguinte lá estavam eles novamente. E no dia seguinte também. E no outro também.

A notícia dos alunos que encontraram uma nota de cem dólares se espalhou pelo campus, e outros alunos, além de funcionários e professores, começaram a percorrer o labirinto diariamente. Conta-se que até hoje, passados muitos anos desse experimento, o labirinto continua no campus e é frequentemente visitado por alunos, funcionários e professores que, dentro de suas cabeças, ainda cogitam: "Vai que hoje o dinheiro está lá!".

Esperança. Aparentemente, essa é a diferença entre seres humanos e ratos.

Sentimos esperança como uma resposta emocional complexa que emerge de nossa capacidade inata de visualizar um futuro melhor e mais positivo. Esse sentimento tem raízes em nossa natureza humana, de procurar significado e otimismo mesmo diante das adversidades. A esperança surge da interseção entre nossa percepção da realidade e nossa aspiração por um amanhã melhor, muitas vezes alimentada por nossas crenças, valores, experiências passadas e o desejo de superar desafios. É uma força emocional que nos impulsiona a enfrentar obstáculos, acreditar na mudança e cultivar a resiliência necessária para enfrentar as incertezas da vida.

Eu tinha esperança e, numa manhã de segunda-feira, estava em casa na companhia de uma de minhas melhores amigas, que trabalhava comigo. Sua filha e meus meninos brincavam no pula-pula do quintal quando, de repente, ela veio em nossa direção segurando algo: era um anel, no estilo de uma aliança, dourado e com um cristalzinho incrustado. No sábado anterior tínhamos feito um almoço em casa, e num primeiro momento achei que fosse de alguém que tinha vindo, mas mandei mensagem para todo mundo e não era de ninguém. Guardei o anel dentro da gaveta e não pensei mais no assunto.

Na semana seguinte, estava saindo do escritório para almoçar quando, de repente, bati o olho no chão e vi o anel ali, caído, na

{ Sentimos esperança como uma resposta emocional complexa que emerge de nossa capacidade inata de visualizar um futuro melhor e mais positivo. Esse sentimento tem raízes em nossa natureza humana, de procurar significado e otimismo mesmo diante das adversidades. }

calçadinha bem em frente à porta. Achei estranho, mas pensei que talvez as crianças tivessem mexido na gaveta, pegado o anel para brincar e derrubado no chão sem perceber. Mas, na hora em que abri a gaveta para guardá-lo, ele estava ali dentro no exato local em que eu tinha colocado da primeira vez.

Era um outro anel – igualzinho ao primeiro, que tinha encontrado um dia antes.

Aquilo me chamou a atenção; para mim, era claramente um sinal. Dois anéis dourados, com cristaizinhos incrustados. Não eram joias, apesar de parecerem. Para mim, eram alianças – talvez de amizade, ou de um casal de mulheres, pois eram bastante femininas, mas, nitidamente, alianças. Era um sinal e tinha a ver com duas mulheres. Eu tinha certeza disso.

Por isso, no final de semana, quando recebi uma mensagem de uma ex-parceira de trabalho de anos antes me dizendo que estava em Ilhabela e que queria me encontrar para um café, aceitei prontamente. Ela, junto com a esposa, já tinha me prestado serviços como agência de marketing, em um dos lançamentos do Portal Despertar.

Elas tinham se separado fazia alguns anos, ela me contou. Mas a simbologia de duas mulheres casadas continuava valendo e meu sinal fazia sentido.

Eu tinha certeza de que algo significativo estava acontecendo – finalmente aquela *alguma coisa* que eu vinha esperando fazia tanto tempo. Estava acontecendo, eu podia sentir nas minhas células. A grande virada, a cereja do bolo, o pote de ouro no fim do arco-íris. A vitória era certa, e o Universo tinha me mandado dois anéis como um sinal para seguir nessa direção. Eu *acreditava*.

Foi um papo bom, ela é uma pessoa muito bacana e sempre nos demos muito bem. Eu não me lembrava exatamente dos motivos pelos quais não continuamos trabalhando juntas naquela época – algum problema de relacionamento com a equipe? Não conseguia lembrar. O que sei é que rapidamente o papo descambou para o trabalho (que, afinal, era o que nos conectava) e eu descobri que ela e a ex continuavam sócias em uma agência que tinha como objetivo desenvolver, trabalhar e vender produtos de *high ticket*.

High ticket ou *high end* são termos que descrevem, no marketing digital, produtos ou serviços que têm um preço significativamente mais alto em comparação com os produtos comuns. Esses produtos são direcionados a um público-alvo mais exclusivo e que está disposto a investir mais dinheiro em troca de maior valor, qualidade ou exclusividade. Eles geralmente têm um valor percebido mais alto, seja devido à qualidade superior, às características únicas, aos resultados prometidos ou ao nível de suporte oferecido.

Em resumo: os produtos *high ticket* e *high end* têm o objetivo de atrair clientes que buscam algo mais do que a oferta padrão – profundamente desgastada, no meu caso, depois de tantos lançamentos e com tanta concorrência após a pandemia. Do ponto de vista financeiro, aquilo representava um sopro de alívio e a esperança de que as contas da empresa estivessem asseguradas por mais do que um ou dois meses, da forma como vinha acontecendo nos lançamentos padrão.

Marcamos uma reunião, eu, ela e a ex-esposa e atual sócia, para a semana seguinte. Foi uma ótima reunião, com uma promessa muito interessante: elas não apenas estavam se comprometendo a desenvolver um produto *high end*, mas também minha equipe. Meu time era formado por pessoas muito queridas, mas que não tinham as habilidades necessárias para desempenhar o trabalho demandado por produtos desse tipo. Elas se comprometeram a treinar o time, reorganizar o organograma, readequar funções e rever salários – alguns deles estavam bem acima da média de mercado.

Fui dizendo sim para tudo – afinal, elas eram o sinal que a vida tinha me enviado. Foram dezenas de horas em reuniões, horas e horas revisando *copies* e e-mails, vídeos e mais vídeos roteirizados, gravados e editados – mas eu estava motivada. Fiz tudo o que precisava ser feito e me dediquei ao trabalho de forma completa e integral. A estratégia parecia boa, bem diferente de tudo o que eu tinha feito, e, tirando o investimento mensal que seria destinado à agência, todo o montante de investimento em tráfego viria da venda de produtos que estavam ali, encostados, sem render nada.

A estratégia era de fato boa – na teoria. Na prática, as coisas foram um pouco mais complicadas do que pareceram a princípio.

Eu sentia um clima de animosidade entre as duas, mas não julgava. Afinal de contas, elas haviam sido casadas e continuavam sendo sócias, então tinham todos os motivos do mundo para se estranhar. Uma delas ficava mais ligada ao meu time e à parte técnica, e a outra ficava mais próxima a mim e me ajudava na comunicação estratégica e no planejamento dos cursos e eventos.

Diferentemente dos lançamentos de cursos, que tinham como fórmula-base um evento ao vivo gratuito ao final do qual se oferecia uma oportunidade de aprofundamento, os produtos *high end* partiam da premissa de que a pessoa mais propensa a comprar de você é aquela que já comprou uma vez. Por isso, em vez de chamar para um evento gratuito, a ideia era chamar para um evento pago e, ao final desse evento, fazer uma nova oferta.

O produto *high end* em questão era uma mentoria em grupo focada em relacionamentos amorosos – a AFETO. Eu já tinha conduzido uma turma da AFETO um tempo antes e estava entusiasmada em retomar esse trabalho. As perspectivas eram animadoras: se colocássemos em prática seus ensinamentos e seguíssemos sua fórmula, no pior dos cenários teríamos um retorno de muitas dezenas de milhares de reais.

Marcamos uma reunião com meu time, e as mesmas planilhas foram apresentadas na intenção de mostrar que algumas mudanças se fariam necessárias – principalmente a redução de salários e a readequação de funções. Todos toparam, com exceção de uma pessoa, que estava desmotivada havia tempos e que já tinha me comunicado sua decisão de se afastar antes mesmo da primeira reunião com as meninas.

Nos colocamos em ação: nunca fiz tantas reuniões na vida. Contratamos uma pessoa única e exclusivamente para escrever toda a comunicação estratégica, tanto para a página de vendas quanto as *copies* de e-mails que seriam enviados durante toda a ação. Eu, que achava chato ter que escrever e rever e-mails, de repente me vi atolada tendo que aprovar dezenas deles – o que foi profundamente desgastante não apenas pelas horas na frente do computador, lendo e lendo e lendo, mas também porque sou muito chata com o português e a gramática. Os e-mails tinham tantos erros que me senti insegura de termos contratado a pessoa certa, mas, depois de conversar com a sócia que ficava mais próxima de mim, respirei fundo e segui em frente: era um pequeno preço a pagar pelo enorme resultado que certamente teríamos quando a mentoria fosse vendida.

Às vezes eu sentia que alguma coisa não estava certa – que a animosidade entre as duas parecia mais do que um simples desconforto de ex-casal. Mas o evento ao vivo se aproximava, então eu lidava com minhas ansiedades e angústias da forma que conseguia, enquanto buscava colocar todas as minhas esperanças – sempre elas! – nas vendas que faríamos e no que a mentoria representaria em ganhos financeiros.

Mas o dia do evento chegou, as vendas foram uma catástrofe e a turma, que na pior das perspectivas teria cinquenta pessoas, fechou com seis pagantes. O valor que estávamos ganhando não cobria nem o investimento em mídia que tinha sido feito, imagine os valores que eu estava pagando para a agência. Eu não sabia de onde tiraria dinheiro para pagar o salário de meus colaboradores.

Eu me sentia injustiçada: havia feito tudo direito – seguira todas as estratégias e todas as fórmulas que elas haviam proposto. Tinha que ter dado certo – e, agora que não tinha dado, eu não sabia o que fazer.

O evento aconteceu num sábado, e na segunda-feira seguinte a sócia que tinha vindo alegremente tomar café comigo em Ilhabela me chamou para uma reunião. Eu estava esperando mesmo que nos reuníssemos em algum momento, porque precisávamos fazer algo para salvar o lançamento. Mas o que ela me disse na reunião é que estava com problemas de saúde e estava se afastando do projeto para cuidar de si mesma.

Eu não podia acreditar: ela tinha me procurado. Ela tinha me vendido uma ideia. Ela tinha intermediado a comunicação com sua sócia e ex-esposa. Ela era meu elemento de segurança, vínculo e confiança – ela tinha trabalhado diariamente comigo nos últimos dois meses. E, agora, ela estava se afastando do projeto.

Uma ferida antiga de abandono foi reaberta – eu me senti rejeitada. Eu me senti tendo sido enganada e traída. E ela não estava nem ao menos esperando que o lançamento acabasse, estava abandonando o barco como os ratos fazem, quando uma embarcação está prestes a sucumbir às águas. Me senti tão pequena, tão desimportante e, acima de tudo, absolutamente indignada: como ela ousava pensar em si mesma e na própria saúde sem se importar com tudo o que tinha me prometido e com o tanto que havia se comprometido comigo?

De repente, uma ficha enorme caiu. Ela estava fazendo exatamente o que eu faria se tivesse coragem: estava se priorizando e dizendo ao mundo: "Sinto muito, tenho outras prioridades no momento". Evidentemente, o *timing* em que ela estava fazendo isso não era o melhor – mas o fato é que grande parte do que me incomodava em sua postura era a absoluta clareza que eu tinha de que eu deveria fazer o mesmo, me priorizar e dizer ao mundo: "Sinto muito se, ao estabelecer as minhas prioridades, eu te atinjo. Mas é isso: vida que segue".

O sentimento de abandono era muito grande e aumentou ainda mais quando, dois dias depois, vi uma postagem dela nas redes sociais oferecendo ao mundo os mesmíssimos serviços dos quais eu havia sido, agora entendia, dispensada. Eu nunca viria a entender claramente os motivos para ela ter agido como agiu – nunca mais nos falamos depois dessa reunião.

A semana continuou, ainda em processo de vendas da mentoria, mas, se eu estava desanimada com o processo antes da saída da sócia, piorou ainda mais depois disso. Eu acordava e ia dormir pensando em dinheiro, e só não estava mais desesperada porque ainda tinha algum investimento que sabia ser suficiente para honrar meus compromissos com a equipe – mas, no mês seguinte, não sabia de onde tirar recursos para pagar a escola dos meninos. Me parecia inacreditável que tudo o que havíamos construído ao longo de sólidos sete anos de trabalho no digital estivesse indo pelo ralo. Eu sentia uma parte minha morrendo e não sabia o que fazer com a que ainda estava viva.

Conversei muito com uma de minhas amigas que trabalhavam comigo e que era responsável pela parte financeira. Ela ficou tão preocupada e arrasada pelos últimos acontecimentos quanto eu. Buscávamos, juntas, encontrar soluções para a crise, mas não víamos luz no fim do túnel. Eu poderia lançar novamente o FLOW ou o *LIBERTE-SE!*? Não, não poderia. Eu não conseguia nem ao menos pensar no assunto. Só de pensar em iniciar um novo processo de lançamento eu ficava ansiosa. Eu não queria – simplesmente não queria. Chorei muito, me vitimizei muito, culpei muito as outras pessoas pelo que estava acontecendo.

Mas, passados alguns dias, tive uma reunião com a sócia que restara e comuniquei a ela que não continuaria com os serviços prestados por sua agência. Eu tinha perdido completamente a confiança tanto na leitura que ela era capaz de fazer dos processos quanto em sua capacidade de tocar, sozinha, um projeto que havia sido desenhado a quatro mãos.

Na terapia daquela semana, tive um insight: eu estava me sentindo exatamente da mesma forma como havia me sentido quando, 25 anos antes, meus pais se separaram. Por mais que o casamento deles fosse ruim e eles vivessem se estranhando, fui pega completamente de surpresa pela notícia de que iam se separar. Além disso, meu pai havia simplesmente decidido sair de casa e nunca me perguntou se eu queria ir junto – eu acho que, na época, teria ido. Meu relacionamento com minha mãe era complicado e eu não me sentia compreendida nem acolhida, mas ele tinha ido embora e, a mim, só havia restado ficar com minha mãe. Assim como quando meus pais se separaram, o rompimento entre as sócias me deixou na mesmíssima posição de ficar com quem restou, com quem ainda me aceitava – não me foi dada a oportunidade de escolher nada.

Eu sabia que a separação dolorosa dos meus pais tinha exercido impactos significativos em minha vida, influenciando vários aspectos de meu desenvolvimento emocional, social e psicológico. Essas experiências criaram raízes profundas, que moldavam minhas perspectivas e comportamentos ao longo da vida. Os sentimentos de abandono, rejeição e instabilidade emocional dificultaram, por muito tempo, minha capacidade de estabelecer vínculos saudáveis; minha confiança nas relações tinha sido comprometida. Minha autoimagem e autoestima foram impactadas e eu, durante muitos anos, me senti responsável pela separação – da mesma forma, eu buscava em mim as justificativas ou explicações desse novo rompimento que estava acontecendo: será que tinha sido porque reclamei da quantidade de erros de português nos e-mails? Será que tinha sido indelicada ou grosseira em algum momento? O que eu tinha feito, afinal de contas, para merecer isso?

Eu não tinha respostas para essas perguntas; ao mesmo tempo, dentro de mim, eu sabia que elas não eram importantes. Então comecei a me fazer outras perguntas, e uma delas me tocou em especial.

O que eu faria se não sentisse medo? Se fosse capaz de, como me havia dito um dia Upadhi, seguir a energia e dizer *sim*, em vez de resistir à situação?

E, então, eu soube o que fazer em seguida.

{19}

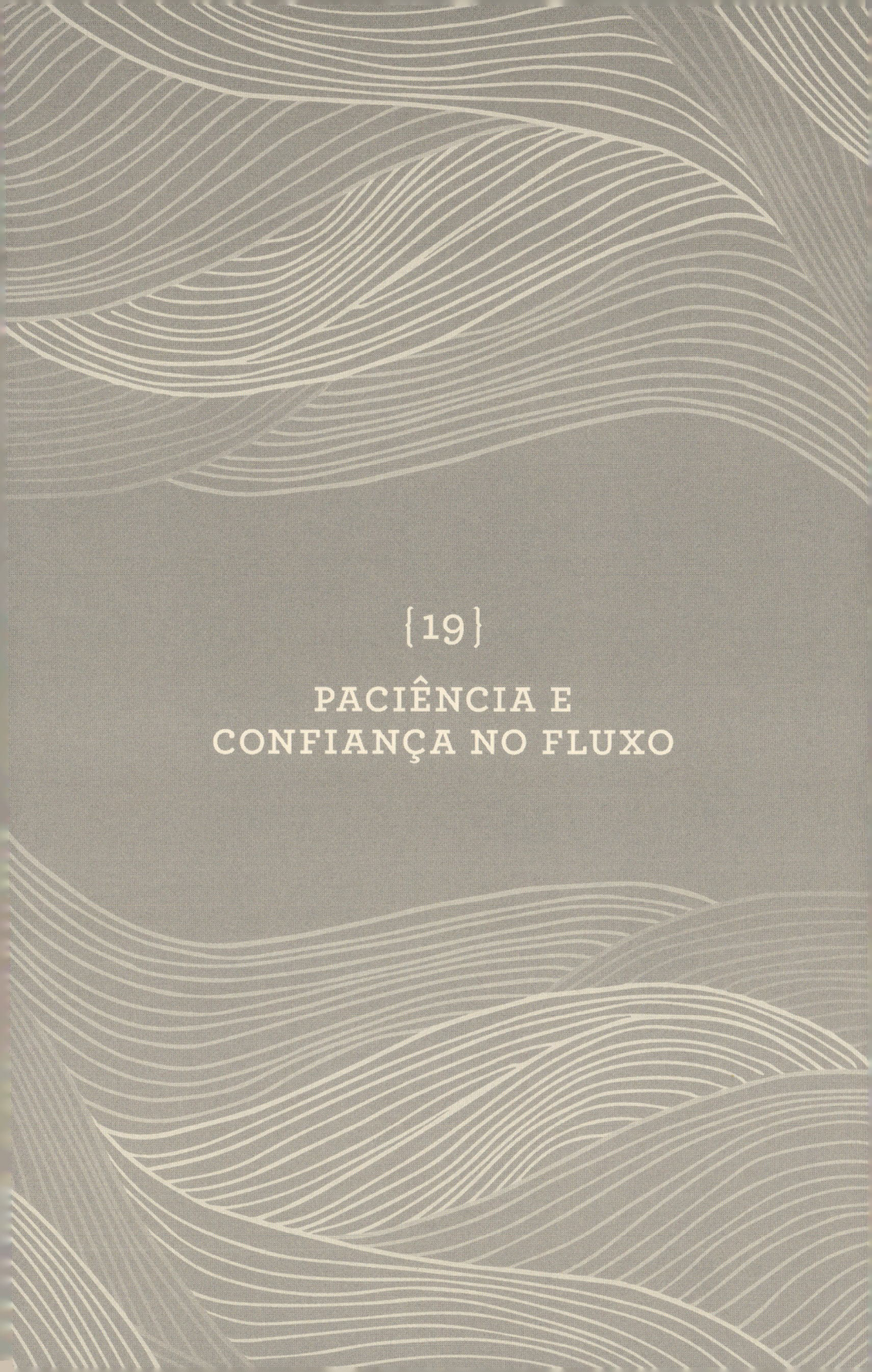

PACIÊNCIA E CONFIANÇA NO FLUXO

Comecei um blog na internet e por isso tenho escrito menos por aqui.

Nunca achei que fosse ser capaz de escrever sobre o que me angustia e deixar que outras pessoas leiam. O blog é anônimo, as pessoas não sabem quem eu sou — mas isso não é novidade, certo, diário? Só você sabe quem eu sou. Você, meu cachorro Pop e A Psicóloga.

Nossas sessões têm sido cada vez mais interessantes e reveladoras. É bom falar e ser verdadeiramente ouvida. Ela ficou feliz por eu ter começado o blog; diz ela que, mesmo virtualmente, é importante eu me expressar e perceber que a maioria das pessoas sente e pensa as mesmas coisas que eu.

Não sei se ela quis dizer que também sente e pensa as coisas como eu, mas gosto de pensar que sim. E gosto de pensar que, se eu seguir em frente, talvez seja eu a, um dia, ajudar pessoas que se sentem assim e a dizer a elas: "Ei, você não está sozinha nisso".

É bom saber que não estou sozinha. Será que estive enganada durante todos esses 26 anos de vida, e nunca estive sozinha de verdade?

Todo excesso esconde uma falta

Quando eu era pequena, de vez em quando sonhava que estava voando. O sonho era sempre o mesmo: eu subia em um lugar bem alto, o mais alto possível. Então, mirava no horizonte e me jogava no ar, batendo braços e pernas como se estivesse nadando. Sempre funcionava e, por mais que não fizesse tanto esforço, eu nunca caía. Continuava flutuando, flutuando, flutuando... Não me lembro de, um dia, ter tido medo de cair. Eu simplesmente mirava no horizonte e me jogava, confiante de que o ar me sustentaria.

Quando eu tinha me tornado tão pesada? Quando a vida tinha, repentinamente, se tornado um fardo tão grande? Quando eu tinha, de certa forma, me transformado numa mistura bizarra de robô e espantalho, ambos sem coração, agindo de acordo com uma programação e apenas espantando o indesejado?

Eu tinha feito essa pergunta a mim mesma muitas vezes ao longo dos últimos anos. E todas as vezes, quando buscava de alguma forma desenhar essa linha do tempo em que a vida havia deixado de ser mágica para se tornar um fardo, eu chegava sempre na mesma resposta: depois que fui mãe.

Esse pensamento me trazia dúvidas, incertezas e um baita sentimento de culpa, como se eu não amasse meus filhos ou não tivesse certeza de que, ao me abrir para a maternidade, havia tomado a decisão correta – mas não se tratava disso. Ser mãe tinha sido a melhor decisão que eu havia tomado na vida. O amor que sentia pelos meus filhos era visceral, algo maior do que eu e que não conseguiria colocar em palavras. Eu mataria e morreria por eles e, se tivesse que escolher, escolheria ser mãe deles novamente por quantas vidas fosse possível.

Pensei, muitas vezes, se o jeito como eu me sentia tinha a ver com algum desequilíbrio bioquímico, com os hormônios da gestação, com meus trabalhos de parto, com o puerpério. Se tinha a ver com traumas relacionados à minha própria mãe, com quem já tive um relacionamento complicado. Eram todas hipóteses, muitas delas válidas – mas eu não sentia ser sobre isso.

Um dia, entendi – e me senti um tanto estúpida por nunca ter percebido o quanto a resposta a essa pergunta era óbvia: a coisa mais significativa que tinha me acontecido e que era concomitante com a maternidade foi ter começado a trabalhar com marketing digital – e quando digo marketing digital me refiro ao cenário digital e de redes sociais de modo geral.

Imagine o seguinte: nossas vidas são um delicado ecossistema, uma paisagem na qual as interações e relações humanas são como rios que fluem e se entrelaçam. Agora, imagine que as redes sociais são como uma chuva constante que alimenta esses rios, trazendo água nova e fresca. No princípio isso é maravilhoso – a água que cai do céu revitaliza os rios, cria novos canais de comunicação e de conexão entre eles.

Mas, se a chuva não para e, além disso, se intensifica, a paisagem começa a mudar. Os rios começam a transbordar – e eles eram tão serenos no princípio! As águas, agora tumultuadas, inundam as margens. O leito dos rios, agora tomado pelas águas, começa a erodir e a perder sua forma inicial, e as relações humanas deixam de ser autênticas. As pessoas, agora, constantemente imersas nas águas digitais que caem dos céus, começam a se perder em névoas de comparação e validação.

Foi isso que aconteceu comigo – e eu, assim como um ecossistema desequilibrado, onde as plantas e animais não conseguem mais coexistir harmoniosamente, entrei em colapso. Tudo tinha se tornado demais: o número de mensagens para responder, a quantidade

{ Nossas vidas são um delicado ecossistema, uma paisagem na qual as interações e relações humanas são como rios que fluem e se entrelaçam. }

de pessoas com quem eu estava constantemente em conexão, as demandas que nunca acabavam – todos os meus rios haviam transbordado. Na verdade, eles haviam se transformado em um tsunami; eu me sentia constantemente sobrecarregada mentalmente, minha atenção pulando de uma coisa para outra. Eu me sentia desnutrida emocionalmente pela vida, enquanto, do lado de fora, tinha que me doar infinitamente.

Fazia tempo que eu tinha a consciência de que minha vida precisava de um equilíbrio maior entre trabalho e vida pessoal, entre tempo *on* e *offline*, entre ver as paisagens lindas nas redes sociais e aquelas que existiam na minha vida real, ao alcance dos meus braços, mãos e abraços. Entre mostrar os bastidores da minha vida e, de fato, viver os bastidores. Porque o que eu compartilhava nessa época era totalmente diferente do que eu me sentia vivendo de fato. Enquanto eu mostrava a rotina dos meus filhos, tardes na praia e fazia dancinhas entre uma coisa e outra, na vida real eu quebrava a cabeça para entender o que fazer comigo mesma dali em diante.

Meus rios haviam transbordado, matado toda a vegetação existente, espantado todos os animais – e eu nadava, de um lado para o outro, atrás de botes salva-vidas que não existiam. Eu precisava boiar, esperar as chuvas cessarem e o nível da água baixar. Sabia que enfrentaria muitas dificuldades e resistências nesse processo. Eu precisaria desligar minha melhor amiga da equipe. Precisaria baixar salários. Precisaria, mais uma vez, da mesma forma que havia acontecido doze anos antes, recorrer à minha mãe para pagar minhas contas.

Mas era isso: eu finalmente tinha entendido. Aquilo que num primeiro momento fora uma chuva fresca a revitalizar a minha vida havia, lentamente, se transformado em um dilúvio. Isso se deu de forma tão gradual que eu não consegui perceber. Como uma rã, que é jogada numa panela com água fria e então colocada no fogo para ferver – quando percebe que a água está quente, já é tarde demais e ela não consegue mais saltar para fora. Eu era essa rã e tinha sido cozida tão lentamente que, quando vi, já era tarde.

A chuva é essencial; é o excesso que causa estragos. A internet e as redes sociais são valiosas, trazem conexões que talvez nunca acontecessem na vida real e diminuem distâncias; mas, assim como a diferença entre o veneno e o antídoto é a dose, eu precisava encontrar esse equilíbrio perdido em minha vida. Eu precisava romper com todas as fórmulas e todas as promessas de luz no fim do túnel.

Eu havia encontrado o pote de ouro no fim do arco-íris. E dentro dele havia um espelho.

Não adianta apressar o processo

Logo depois da minha reunião com a sócia que ficou, comuniquei à minha equipe que interromperíamos todas as nossas atividades relacionadas aos lançamentos de produtos digitais.

Eu não sabia ainda o que faria, mas tinha algumas ideias: vinha conduzindo seis processos da mentoria individual Íris, e eles sempre se revelavam muito ricos. Eu me sentia sendo nutrida por esses processos. O olho no olho, os sorrisos e lágrimas compartilhados e os segredos mais íntimos confidencializados me alimentavam de uma forma que os likes, o engajamento e o número de seguidores nunca tinham conseguido. Eu sabia como me sentia, mas imaginar essa transição acontecendo era algo que me assustava. Era um caminho nebuloso que eu não sabia quanto tempo duraria nem como seria feito.

O anúncio público de minhas decisões aconteceu de maneira totalmente inesperada: na gravação de um episódio de meu podcast, o *Conversas do Despertar*. Eu amava gravar os podcasts porque eram momentos em que eu simplesmente falava, falava e falava, sem me preocupar com a minha aparência, a iluminação ou um roteiro predefinido. Eram momentos em que eu deixava que minhas ideias se desenrolassem na mente e se transformassem em palavras. Num dia, gravando um episódio, eu falei: "Não quero mais fazer o que eu faço".

Foi estranho ouvir eu mesma dizer isso em voz alta – mas um estranho bom, quase catártico. Eu-não-quero-mais. Simples assim: algo que, agora eu percebia, já vinha sentindo havia muito e muito tempo e que tinha tanto medo de colocar em palavras, de repente tinha escapulido da minha boca e passado a ser palpável.

Eu não queria mais fazer o que eu fazia. Eu não queria mais fazer lançamento atrás de lançamento, seguindo fórmulas, obedecendo a regras, seguindo formatos. Eu não queria mais dar aulas pensando em vender alguma coisa no final. Eu não queria mais ter que gerir pessoas, liderar um time, intermediar relações. Eu não queria mais estar conectada 100% do tempo – simplesmente: não queria. Eu não queria mais estar sempre ocupada, um olho no peixe, outro no gato, percebendo oportunidades de vender ao mesmo tempo que presenciava Dante aprender a falar "ônibus" em vez de "ômbinus" – não queria mais ter que gravar essas coisas já pensando em postar, postar, postar. Eu não queria mais ter que conversar com vinte pessoas ao mesmo tempo pelo WhatsApp. Eu não queria mais viver absorvida pela tela do meu celular.

Ao mesmo tempo, eu não enxergava com clareza o caminho a seguir. E na gravação daquele episódio do podcast eu perguntei: "O que vocês acham? Vocês marcariam uma consulta comigo? Me mandem um e-mail me respondendo. Quem sabe um dia a gente não bate um papo".

Ao longo da semana seguinte, recebi dez e-mails de pessoas interessadas nessa oportunidade. Na outra semana, mais pessoas escreveram. E na seguinte, e na seguinte, e na seguinte. Minha confissão ao vivo sobre não querer mais o que eu não queria foi ao ar no final de setembro. Em novembro, minha agenda estava cheia e eu havia oficialmente voltado a conduzir processos de psicoterapia. Não fiz um único post na internet anunciando intencionalmente minha disponibilidade para atender. Não gastei um real em anúncios. Não precisei fazer dezenas de reuniões de equipe, trinta stories em um único dia nem sessões de foto – nada, nada, nada.

Assim como um fruto amadurece lentamente na árvore, absorvendo os raios do sol e os nutrientes do solo, as situações na vida muitas vezes seguem um curso natural. Não adianta nada apressar

{ Não adianta nada apressar o processo – seria como arrancar o fruto ainda verde, tirando dele a oportunidade de vir a amadurecer e ser verdadeiramente suculento e doce. }

o processo – seria como arrancar o fruto ainda verde, tirando dele a oportunidade de vir a amadurecer e ser verdadeiramente suculento e doce. Há um momento certo para que as peças se encaixem, em que as circunstâncias se alinham de maneira orgânica.

Hoje vejo que nosso trabalho é desenvolver paciência e confiança no fluxo natural da vida: só assim colheremos as oportunidades mais doces e conseguiremos, de fato, saborear cada conquista no momento em que ela amadurece por si mesma.

{20}

DECIDA
E SEJA

Diário,

Eu tive um sonho tão estranho essa noite. No sonho eu era criança e brincava com alguém em uma casa mágica. A casa tinha diversos cômodos, alguns deles com passagens secretas de um para outro dentro dos armários. Eu entrava numa dessas passagens secretas, mas, em vez de sair de dentro de outro armário, em outro cômodo, eu me deparava com uma linda paisagem.

Eu via algo brilhando ao longe e resolvi andar até lá. Nada mais existia, nem os armários nem a casa atrás de mim. Eu estava totalmente sozinha, mas não sentia medo. Eu sentia uma presença junto de mim que não conseguia saber direito quem era, mas que estava lá, me protegendo.

Conforme fui me aproximando da coisa que brilhava, vi que era um diamante em cima de uma pedra. Eu pegava o diamante e, no momento em que o colocava na palma da mão, estava de volta à casa mágica — mas ela estava diferente. As passagens secretas não existiam mais. A casa estava toda reformada, e, passeando por entre os cômodos, passei em frente a um espelho. Quando olhei para o espelho, não vi minha imagem refletida, e sim uma menininha feliz, que abanava sua mãozinha me dando tchau.

Me aproximei do espelho e a menininha estendeu a mãozinha para fora do espelho. Entendi que aquele diamante era dela e eu devia devolvê-lo.

Coloquei delicadamente a pedra preciosa em sua pequena mão e ela me disse: "Obrigada por encontrar meu tesouro perdido. Eu vinha procurando em toda parte e não encontrava". De repente, olhei em seus olhos e vi que ela era eu.

    Acordei chorando e com o peito apertado, sentindo saudade de alguma coisa que não sabia o que era. Mas agora, escrevendo estas palavras, percebo do que vinha sentindo saudade: de mim mesma e da criança cheia de sonhos que fui um dia.

O revés nem sempre é uma catástrofe

Existe um conto Zen que traz a história de um velho monge, que vivia em um pequeno templo no alto de uma colina. O templo era lindo e profundamente conectado à natureza ao seu redor. O monge ensinava seus discípulos sobre a impermanência da vida.

Certo dia, um jovem discípulo veio até ele, preocupado com as mudanças que estavam acontecendo na vila próxima. As pessoas estavam aflitas, pois uma estrada estava sendo construída ao pé da colina, ameaçando a tranquilidade do templo.

O jovem discípulo perguntou ao velho monge como eles poderiam enfrentar essa mudança que parecia tão ameaçadora. O monge sorriu e disse: "Vamos fazer uma caminhada até o riacho". Quando chegaram lá, o monge pegou duas folhas caídas e as colocou no riacho. Uma folha seguiu a correnteza agitada e desapareceu rapidamente. A outra folha, porém, ficou presa em uma pequena enseada, onde a água era mais tranquila.

O monge disse ao jovem discípulo: "Você vê essas duas folhas? Elas representam as mudanças que enfrentamos na vida. A primeira folha, levada pela correnteza, simboliza a resistência às mudanças e o desejo de manter as coisas como estão. Mas a segunda folha, que encontrou um local tranquilo, nos mostra como podemos nos adaptar e encontrar paz mesmo diante das mudanças inevitáveis".

Os meses passaram, a estrada foi concluída e a vila próxima se transformou. O barulho da construção inicialmente perturbou a serenidade do templo.

No entanto, com o tempo, os visitantes começaram a subir a colina para encontrar refúgio na beleza do templo e nas palavras sábias do velho monge. O templo tornou-se um local de reflexão e aprendizado, um ponto de encontro entre a vida cotidiana e a tranquilidade da montanha.

O jovem discípulo percebeu, então, que as mudanças que eles temiam trouxeram consigo oportunidades e aprendizados que nunca teriam experimentado se tivessem resistido à transformação. Assim, ele aprendeu a confiar no fluxo da vida e entendeu que, muitas vezes, o que inicialmente parece ameaçador pode se tornar exatamente aquilo de que precisamos para crescer e descobrir o verdadeiro significado da serenidade interior.

Esse conto traz um belo exemplo do que muitas vezes aconteceu na minha vida. Exatamente dez anos antes, eu havia sofrido um revés quando meu sócio, com quem eu compartilhava uma sala de atendimento, simplesmente resolveu ir embora, levando todos os móveis com ele. Aquilo que, num primeiro momento, me deixou perdida e desesperada, sem conseguir enxergar perspectivas, foi o grande divisor de águas na minha vida. Aluguei um espaço só para mim, com o apoio e o auxílio financeiro da minha mãe, mas na mudança de endereço e de bairro perdi metade dos pacientes que tinha – foi nesse tempo livre que comecei a gravar vídeos e mais vídeos para o YouTube e o restante da história já sabemos.

Agora, dez anos depois, eu vivia exatamente a mesma situação. Mais uma vez precisei recorrer ao apoio de minha mãe, depois de zerar nossos investimentos ao longo dos últimos três anos. Mais uma vez eu tinha sido deixada para trás, agora não por um sócio, mas pela sócia que abandonou o barco, e o vazio do abandono criou o espaço necessário para que a vida se manifestasse em toda a sua potência e clareza.

Comecei atendendo descompromissadamente – muitas pessoas marcaram atendimentos porque queriam me conhecer, contar suas histórias, retribuir, de alguma forma, tudo o que elas sentiam que eu tinha feito por elas, mesmo sem saber. Algumas chegavam com a expectativa de realmente se envolver em processos de psicoterapia e, dentre as muitas pessoas com quem conversei, algumas haviam sido minhas pacientes dez anos antes. Algumas delas retomaram o processo de psicoterapia – e permanecem até hoje.

    Refleti sobre o quanto fazia sentido continuar conduzindo os processos da mentoria Íris e percebi que não era mais o caso. Apesar de ser um processo lindo, com princípio, meio e fim, nenhuma questão problemática poderia ser elaborada no período de dois meses. Não existem fórmulas mágicas para transformar a vida de ninguém. O que existe é trabalho duro, consistência e comprometimento com o processo de transformação. Podem até parecer que estão atrasados, que já passaram da hora para acontecer – mas sempre acontecem na hora certa.

Um hábito por vez

No momento em que escrevo estas palavras, meu processo de transição profissional está completando um ano. Muitas coisas mudaram de lá para cá; venho retomando o controle sobre a minha vida, sobre minhas finanças e sobre minha saúde mental.

Há seis meses, eu e meu psiquiatra decidimos, juntos, aumentar novamente a dose da medicação para ansiedade da qual faço uso, e foi uma decisão acertada: ganhei mais capacidade de administrar meus pensamentos catastróficos, tenho desenvolvido cada vez mais auto-observação e metacognição, ou seja, hoje sou capaz de confrontar os pensamentos ansiosos com argumentos pautados na realidade. Ainda sou ativada pela ansiedade muitas vezes, mas aprendi que é possível fazer as pazes com ela e acolhê-la, ao invés de tentar me esquivar dela.

Continuo fazendo sessões semanais de psicoterapia; atualmente, meu psicólogo e eu estamos trabalhando em criar para mim a rotina da vida dos meus sonhos. Não é fácil se livrar de hábitos nocivos e implementar novos hábitos, e estou aprendendo a dar os famosos *baby steps* – passinhos de formiga. Tenho trabalhado um hábito por vez, buscando entender que o que funciona para os outros talvez não funcione para mim.

O primeiro hábito que escolhi trabalhar foi o de dormir mais cedo – falhei, durante duas semanas, miseravelmente. Entendi que não tinha a motivação necessária para encerrar o dia justamente no momento em que os meninos dormem e finalmente posso ter algumas horas sozinha para fazer tudo o que não consigo fazer durante o dia. Por isso, refleti que talvez devesse trabalhar no hábito de acordar mais cedo. Este livro, por exemplo, foi escrito quase totalmente nesses primeiros momentos do meu dia, entre cinco e seis e meia da manhã. Eu adoro estar acordada nessa hora em que a noite se transforma em dia e em que vemos o nascer de uma nova oportunidade de alinhar nossas vidas com aquilo que desejamos viver.

Todos os dias eu ando de bicicleta. Busco levar as crianças à escola, pedalando diariamente, o que é ótimo em todos os sentidos: nos exercitamos, vemos paisagens bonitas logo de manhã e economizamos gasolina – ainda estamos nos recuperando financeiramente de tudo o que aconteceu nos últimos anos. Nesta semana, pela primeira vez em anos, conseguimos colocar um dinheirinho na poupança – pouco, mas o suficiente para nos dar a esperança de um dia voltar a viajar com os meninos e mostrar a eles como o mundo é maior do que eles imaginam.

Recentemente me matriculei em uma academia. Duas vezes por semana vamos para o shopping aqui pertinho de casa, onde a academia fica localizada. Os meninos ficam na natação e Ricardo e eu subimos para fazer musculação. Treinar depois de atender cinco pacientes desde as 8h30 às vezes dá preguiça, mas considero uma vitória me dar ao luxo de parar de trabalhar às 16h30 e dedicar o tempo a mim, minha saúde e minha família. E o melhor de tudo: sem a necessidade de ficar fazendo stories o tempo todo ou de estar de olho no WhatsApp porque alguém da equipe pode querer falar comigo.

Depois de oito anos vivendo quase exclusivamente do mercado digital e me relacionando com as pessoas de forma virtual, ter voltado a atender como psicóloga é um bálsamo para minha alma. Existe algo no compartilhar de nossas dores que é simplesmente mágico – coisas que você só consegue vivenciar ali, de frente com outro ser humano. E, como aquilo que melhor ensinamos é aquilo que mais precisamos aprender, os processos de psicoterapia sempre acabam girando em torno da temática da autoaceitação e autocompaixão – que é justamente o terceiro passo do método do *LIBERTE-SE!*.

{ Existe algo no compartilhar de nossas dores que é simplesmente mágico – coisas que você só consegue vivenciar ali, de frente com outro ser humano. }

Osho diz que o único motivo pelo qual as rosas florescem tão lindamente é porque não estão tentando se tornar lótus. Por sua vez, os lótus apenas brotam belamente porque não ouviram as lendas sobre outras flores. Sem aceitar sua própria natureza e o seu próprio destino – desabrochar –, elas não presenteariam o mundo à sua volta com tanta beleza e perfume. Por isso ele diz: "Se não amar a si mesmo, você nunca será capaz de amar alguém mais. O que quer que você seja para si mesmo, você será para com os outros".

Desenvolver autocompaixão talvez seja a coisa mais importante a aprender nesta vida, porque, se não aprendermos a ser bondosos e generosos com a gente mesmo, nossos relacionamentos vão ser alimentados com os mesmos sentimentos que nutrimos por nós mesmos. Se nos odiarmos, vamos odiar os outros. Se formos rígidos e críticos com a gente mesmo, seremos rígidos e críticos com os outros. Na maioria das vezes, de acordo com minha experiência clínica, a psicoterapia é um processo pelo qual resgatamos a capacidade de amar a nós mesmos.

A autocompaixão é, muitas vezes, negligenciada em nossa jornada de crescimento pessoal. Em um mundo em que a autocrítica e a busca incessante pela perfeição são valorizadas, cultivar a autocompaixão é um verdadeiro ato de resistência e um antídoto vital.

Nossa saúde mental é profundamente afetada pela maneira como nos tratamos internamente. Quando adotamos uma atitude de autocrítica constante, minamos nossa autoestima e aumentamos os níveis de estresse e ansiedade. Se, por outro lado, nos tratamos com gentileza e compreensão, construímos uma base emocional sólida que nos permite enfrentar os desafios com coragem e resiliência. A autocompaixão é o que nos ajuda a reconhecer nossas dificuldades sem julgamentos, nos lembrando de que somos seres humanos, falhos e imperfeitos – e sempre vamos ser.

Me distanciei demais de mim nos últimos oito anos. Me abandonei, me subjuguei, me maltratei. Me obriguei a fazer coisas que eu não queria. Me agredi com palavras duras quando não conseguia cumprir as metas nem os objetivos. Fui a chefe mais carrasca que eu já tive na vida – e não alcancei paz, sucesso nem felicidade nesse processo. Hoje, a autocompaixão é minha aliada essencial em meu processo pessoal.

Neste processo de construção de novos hábitos e de uma rotina que me dê alegria em acordar todos os dias, comecei falhando em minha tarefa de dormir cedo todas as noites. Mas foi a autocompaixão que me ofereceu palavras amigas nesse momento. Ao invés de me criticar severamente por não ter conseguido fazer o que me determinei fazer, me tratei com a mesma bondade com que trataria meus filhos ou uma pessoa muito amada que estivesse vivendo o mesmo. Isso não apenas me ajudou a manter o ânimo, mas também me permitiu aprender com a situação e mudar meu objetivo, em vez de me sentir uma derrotada completa.

A busca incessante pela perfeição, que nos é enfiada goela abaixo pelas redes sociais, distorce nossa autoimagem e nos joga em ciclos constantes de insatisfação. Tratar a nós mesmos como trataríamos nosso melhor amigo, com amor, respeito e dignidade, reverbera em uma autoestima mais sólida e resiliente, que se mantém de pé mesmo diante de pressões externas – autocompaixão não é um *luxo emocional*. É um alicerce fundamental de nossa saúde mental, que abre os caminhos para uma vida mais equilibrada, significativa e gratificante.

{21}

O QUE COMOVE MOVE

Hoje eu tive o ímpeto de te colocar no tanque de lavar roupa, jogar álcool e tacar fogo.

Eu queria vivenciar a sensação de transmutação que, achei eu, viria quando visse suas páginas virando fumaça; como se eu pudesse apagar de mim todas as memórias tristes que você guarda.

Cheguei a me despedir de você, tirar os panos sujos de dentro do tanque e colocar você lá dentro. Mas quando te vi ali, tão exposto e desprotegido ao mesmo tempo, percebi que se eu te queimasse estaria queimando junto a menininha de 12 anos que um dia se sentou para escrever em suas páginas pela primeira vez.

Eu me sinto tendo sido tão triste, diário, pela maior parte da vida. Será que realmente fui essa pessoa a preencher as suas páginas com tanta vergonha, culpa e inadequação? Ou será que só recorria a você para chorar as pitangas, derramar minhas mágoas e compartilhar sentimentos que não teria coragem de revelar a mais ninguém?

Percebi que, hoje, minhas palavras servem a outras pessoas também. Aos meus pacientes, aos meus amigos virtuais e até mesmo a alguns amigos de carne e osso. Não sei se vivo uma adolescência tardia, mas sinto como se apenas agora, com quase 30 anos, eu realmente pudesse respirar aliviada por ter o direito de ser quem eu sou.

Eu tenho o direito de ser quem eu sou e tenho o direito de ter sido quem fui. E você, diário, tem o direito de continuar existindo. Quem sabe um dia você vira um livro e as minhas tristezas aqui derramadas poderão ajudar outras pessoas?

Gostei de pensar nisso, diário. E gostei de tirar você daquele tanque. Hoje você dorme comigo, aninhado aqui no meu peito.

" SEMPRE QUE HOUVER ALTERNATIVAS,
TENHA CUIDADO. NÃO OPTE PELO CONVENIENTE,
PELO CONFORTÁVEL, PELO RESPEITÁVEL,
PELO SOCIALMENTE ACEITÁVEL, PELO HONROSO.
OPTE PELO QUE FAZ O SEU CORAÇÃO VIBRAR.
OPTE PELO QUE GOSTARIA DE FAZER, APESAR
DE TODAS AS CONSEQUÊNCIAS."[13]

OSHO

---

[13] OSHO. *Faça o seu coração vibrar*. Rio de Janeiro: Sextante, 2005.

O bem mais precioso

No momento em que entendi que não queria mais trabalhar no ramo digital, minha vida mudou drasticamente: nos últimos oito anos eu não tinha horários fixos para fazer as coisas. A não ser quando aconteciam os lançamentos, em que eu dava aula em horários marcados, tinha toda a liberdade de administrar o meu tempo da maneira que quisesse. Além disso, não tinha mais a obrigação de estar constantemente presente nas redes – senti como se tivesse tirado um piano das costas. Eu não precisava mais gravar vídeos todas as semanas para o YouTube, fazer *lives* em horários esdrúxulos ou checar mensagens no Instagram o tempo todo.

De um dia para o outro, me vi tendo o luxo de me perguntar o que eu gostaria de fazer – e por quê. Ter me percebido com esse espaço interno, com o poder de escolha, com a possibilidade de trocar vinte minutos de interação nos stories por uma pedalada curta pela orla, me fez entender o quanto eu estava sobrecarregada e aprisionada em uma dinâmica que nunca tinha escolhido para mim mesma de forma consciente. As coisas tinham simplesmente acontecido e, lentamente, se tornaram o que se tornaram.

Não foi de um dia para o outro – na verdade, tinha tido vários sinais disso ao longo dos anos –, mas, em certo aspecto, a vida se parece com um treino de musculação na academia: se você num dia usa uma carga de 5 quilos para fazer um exercício e no dia seguinte faz com 25, obviamente vai perceber a diferença. Mas se num dia você usa 5 e uma semana depois aumenta para 6, e depois para 7... Você nem vê o exercício ficando mais pesado. O mesmo tinha acontecido comigo ao longo dos últimos oito anos. Não percebi minha vida se tornando insustentável. De certa forma, agradeço à ansiedade por ter me sinalizado, de modo tão difícil de ser ignorado, que as coisas não iam bem.

Outra mudança muito significativa que sair do digital me trouxe foi a necessidade de dizer não. Até hoje sou muito procurada por agências, infoprodutores, lançadores e pessoas interessadas em fazer parcerias. Antes eu tinha uma pessoa na equipe que recebia essas solicitações, levantava dados sobre a proposta, dava os devidos encaminhamentos e feedbacks e só me passava as propostas que realmente fossem interessantes.

Hoje, essas propostas caem diretamente no meu colo – curiosamente, nunca avaliei positivamente nenhuma delas. Não somente por não acreditar no produto ou serviço ofertado, por achar as parcerias desinteressantes ou os convites descabidos, mas por ter percebido que meu tempo hoje é outro, minha disponibilidade é diferente, e duas horas dedicadas a gravar um podcast com alguém que eu nem sei quem é (o que eu fazia muito antigamente) representam duas horas a menos no meu dia para estar com meus filhos, assistir a um filme ou fazer as unhas.

Me dei conta de que o bem mais precioso que temos é o tempo. Tudo o que fazemos, as propostas que aceitamos, as coisas que compramos – elas não custam dinheiro. Custam o tempo que dedicamos a fazer o que fazemos e tenho procurado administrar meu tempo com mais sabedoria. Nem sempre eu consigo e ainda perco um tempo valioso com joguinhos bestas de celular; tudo é um processo.

Me afastei de muitas pessoas – não por ter deixado de amá-las, mas, no momento em que comecei a administrar melhor o tempo que passo conectada com as redes, seja o Instagram ou WhatsApp, foi inevitável que algumas distâncias acontecessem. Isso é algo que me chateia muito, mas é humanamente impossível dar conta de todas as centenas de pessoas que fui conhecendo ao longo dos últimos anos sem passar o dia com a cara grudada no celular – principalmente quando você passa oito horas do seu dia em atendimentos. No momento em que estou com uma paciente, estou *com* ela.

{ Me dei conta de que o bem mais precioso que temos é o tempo. }

Para mim, naqueles sessenta minutos em que trabalhamos juntas nada mais existe e, quando termino o trabalho, a última coisa que quero é ficar olhando para a tela do celular.

Voltei a ler ficção e romances, em vez de apenas livros de autoconhecimento ou relacionados com a Psicologia. Num primeiro momento era comum me sentir perdendo tempo – *o que raios essa leitura vai somar na minha vida?* –, mas me percebi num estado de robotização, obedecendo à programação de ser útil e fazer coisas úteis o tempo todo. Vejo que muitas de minhas pacientes sofrem do mesmo mal, que tem raízes profundas em nossa sociedade contemporânea.

A valorização do desempenho constante, da produtividade incessante e da busca pela eficiência em todas as esferas da vida, características marcantes de nossa sociedade, nos leva à mentalidade de que somente seremos dignos de reconhecimento quando alcançarmos o sucesso individual e a acumulação de conquistas materiais.

A hiperconectividade desempenha um papel importante nessa dinâmica: graças à tecnologia, estamos sempre acessíveis, sempre ligados, sempre disponíveis para o trabalho ou para as demandas sociais. Isso cria uma sensação de pressão constante para sermos produtivos, já que não há mais um claro "tempo de trabalho" nem um "tempo de descanso". A fronteira entre esses dois tempos tornou-se fluida, levando à sensação de que deveríamos estar fazendo algo útil o tempo todo.

Além disso, a sociedade moderna nos incita à competição e à comparação constantes, o que faz sentir que precisamos fazer mais, ser mais produtivos e alcançar mais conquistas para nos destacarmos em meio à multidão.

Na minha percepção, é urgente refletirmos sobre os valores que regem nossa sociedade e nossa civilização de modo geral. É urgente encontrarmos o equilíbrio entre a busca pela utilidade e a preservação do bem-estar mental, reconhecendo que nosso valor como seres humanos transcende qualquer coisa que façamos ou conquistemos. Sem um esforço coletivo, sem a promoção da educação emocional desde cedo nas escolas, para ajudar as pessoas a lidar com suas emoções quando ainda estão em fase de constituição subjetiva de sua identidade, sem a adoção de políticas empresariais e organizacionais que valorizem o equilíbrio entre o trabalho e a vida pessoal, dificilmente essa realidade vai se transformar.

Por último, mas não menos importante: é preciso implementar limites claros na conectividade digital. É preciso garantir às pessoas que elas tenham tempo para se desconectar e recarregar. O impacto profundo da hiperconectividade em nossa saúde mental não pode ser mais negado. A sobrecarga de informações, com seu fluxo interminável de notificações, e-mails, mensagens, feeds de notícias e atualizações das redes sociais, cria um ambiente de constante estímulo absolutamente esmagador. A necessidade de processar e absorver grandes volumes de informações contribui para o estresse e a ansiedade, tornando difícil encontrar momentos de paz e calma.

A cultura da multitarefa, que nos faz constantemente alternar entre vários afazeres e distrações, afeta diretamente nossa capacidade de concentração e foco, o que acaba prejudicando nossa produtividade e gerando frustração. Sem falar na busca incessante pela validação social nas mídias sociais – a comparação constante com os outros, a necessidade de manter uma imagem idealizada e a exposição a comentários negativos, *hates* e cancelamentos detonam nossa autoimagem e autoestima.

E eu, infelizmente, aprendi sobre tudo isso na prática.

Quando ninguém escuta

No início de 2023, um grande amigo tirou a própria vida. Nós havíamos estado juntos algumas semanas antes, em uma celebração de final de ano, e passamos muito tempo conversando. Ele parecia bem, estava feliz, com planos para os próximos meses de vida. Tiramos várias fotos naquele dia – ele estava sorridente e alegre em todas elas.

Quatro semanas depois, numa quinta-feira, ele abriu uma *live* no Instagram, onde tinha quase dez mil seguidores, e durante dois minutos falou sobre ciclos que se repetem; sobre fazer coisas legais para o mundo e não ganhar um carimbinho de estrela na mão; sobre a sensação de ser injustiçado pela vida. Depois disse ter vivido duas semanas intensas de sofrimento e finalizou a *live* com um sorriso no rosto, com uma respiração profunda, dizendo: "Estou em paz aqui dentro". Algumas horas depois, estava morto.

Tenho para mim que ele foi vítima de todo esse mecanismo. Nos últimos anos, acompanhei e estimulei a expansão de seu trabalho no digital.

Ele estava sempre conectado, sempre disponível – não demorava mais do que alguns minutos para responder a mensagens no WhatsApp ou Instagram.

Ele era terapeuta e dava cursos de formação em constelações familiares. Conduzia workshops e palestras sobre desenvolvimento pessoal e gerencial. Gravava podcasts e tinha um canal no Telegram. Falava sobre corpo e trauma. Um dia antes de fazer o que fez, publicou um post no Instagram abrindo sua agenda de atendimentos para o mês de fevereiro; 24 horas depois, não estava mais entre nós.

Uma das coisas que mais me chocaram foi a naturalidade com que as pessoas próximas lidaram com esse assunto. "Foi sua última escolha", disseram. "Devemos honrá-la", completaram. Eu discordo. Na minha percepção, como profissional de saúde mental, se diante de tudo o que está vivendo a única escolha que você enxerga é a de tirar a própria vida, na realidade é justamente o oposto: você está se enxergando *sem* escolhas.

Obviamente, posso estar enganada na minha forma de ler e perceber essa temática – talvez, quando eu morrer e conhecer a verdadeira realidade espiritual por trás da experiência humana, eu perceba que o que escrevi neste livro foi uma grande bobagem. Mas, hoje, tenho para mim que aceitar com essa suposta tranquilidade que o ato de cometer suicídio é uma escolha como outra qualquer e que deve ser respeitada – ou honrada, seja lá o que isso signifique – é mais um subproduto da distorção profunda de nossos valores como sociedade. Essa perspectiva simplista ignora completamente a complexidade da saúde mental e as circunstâncias individuais que levam alguém a tal ponto de desespero.

Em vez de "honrar" essa escolha, deveríamos nos concentrar em criar uma sociedade mais humana, que valoriza a empatia, o apoio emocional e o acesso à saúde mental. Não precisamos honrar nada; precisamos reduzir o estigma em torno das doenças mentais, oferecer recursos adequados e promover o diálogo aberto sobre questões emocionais, em vez de romantizar ou glorificar a tragédia que um suicídio representa.

De vez em quando penso nele e me pergunto: o que teria acontecido se ele tivesse procurado um médico ou psicólogo que identificasse o potencial risco de suicídio e tomasse atitudes coerentes com esse risco? O próximo pensamento inevitável que me ocorre é: o que teria acontecido comigo se eu não tivesse feito exatamente isso?

Correndo riscos

Depois que parei de vender cursos e voltei a atender, senti uma profunda saudade de dar aulas e de estar com as pessoas em grupo. O processo de psicoterapia individual é profundo e maravilhoso, mas existem coisas que somente o grupo é capaz de fazer.

Nós, seres humanos, somos uma espécie social e gregária – precisamos estar conectados uns aos outros para nos sentirmos devidamente encaixados na vida. Falar sobre medos, vulnerabilidades, anseios e inseguranças em grupo é diferente de discutir esses temas em terapia, porque o grupo te acolhe e você percebe que, afinal de contas, todos nós sentimos as mesmas coisas. Quando você confessa um medo profundo ou uma grande vulnerabilidade em um grupo e percebe que todos ali, de alguma forma, sentem o mesmo, algo se cura dentro de você. Você se sente parte de um todo, pertencente a algo maior. De certa forma, isso é tudo o que buscamos na vida.

Com o tempo, comecei a sentir falta desses momentos e do que eles me proporcionavam – afinal, estar em grupo também era uma oportunidade de expandir o meu próprio processo pessoal. Quando dava uma aula, respondia a uma pergunta ou ouvia uma partilha, meus ouvidos eram os primeiros a escutar o que minha boca dizia. Eu também era curada pelos meus cursos e programas, eu também me sentia mais normal em meio a pessoas que sentiam as mesmas coisas que eu, eu também me reconhecia como parte de algo maior no momento em que me via em meio ao grupo. Comecei a sentir uma falta visceral de viver essas experiências.

Foi assim que nasceu o Grupo de Estudos do Portal Despertar – que, entre trancos, barrancos, ventanias e derrocadas, permaneceu vivo durante o turbilhão de mudanças da minha vida nos últimos anos. Durante muito tempo não estive diretamente envolvida com os conteúdos que eram disponibilizados na plataforma – mais uma vez, obedecendo às fórmulas para portais de assinatura e produtos de recorrência. Mais de uma vez recebi o feedback de que, ao criar o Portal Despertar, acabei dando um tiro no próprio pé, porque estaria amarrada à produção de conteúdo; para esses especialistas, um produto de recorrência só faz sentido se envolver o mínimo de trabalho no dia a dia. Hoje percebo que "inflei" o Portal Despertar de tutores, terapeutas e especialistas que não necessariamente tinham um alinhamento teórico que fazia sentido para mim como um meio de continuar alimentando o portal de conteúdos e me "desafogar".

Depois que desliguei várias pessoas da minha equipe, o Portal Despertar voltou para os meus braços – o que era um limão azedo tem se transformado numa bela caipirinha. Hoje, todo o conteúdo produzido para o Portal Despertar vem diretamente de mim e do meu coração, e muitos conteúdos produzidos por outras pessoas foram excluídos de seu acervo. Ao mesmo tempo que essas mudanças foram feitas, passei a me reunir semanalmente com os assinantes em encontros online nos quais aprofundamos as temáticas que fazem parte do escopo do *LIBERTE-SE!*, do FLOW e de minha própria prática clínica.

Por falar em *LIBERTE-SE!*, meu último ano tem sido de grande treinamento e prática no quarto passo do processo: o de correr riscos, quebrar padrões e desenvolver novos comportamentos alinhados com os meus valores. Nem sempre é fácil – na maioria das vezes, não é. Mas eu tenho reunido coragem e me colocado em movimento para ciscar fora do terreiro das fórmulas e da grande pressão que as redes sociais nos impõem todos os dias.

Vira e mexe recebo mensagem de algum estrategista, lançador ou o dono de alguma agência querendo me oferecer um grande método inovador de vender cursos, ganhar dinheiro e, como me disse a última pessoa que me procurou – dois dias atrás –, "poder ir à praia e andar de bike com os seus filhos".

Fico pensando como é perverso ativar gatilhos em pessoas vulneráveis e desejosas de viver uma vida boa. Respondi a ele que não tinha interesse, que já tinha feito muitos múltiplos de seis dígitos e que esse processo tinha me adoecido. Disse também que só consegui ir à praia e andar de bicicleta com os meus filhos quando parei de me dedicar ao digital e voltei a atender como psicóloga, e desejei boa sorte em seu negócio.

Ele não viu, mas eu tinha um sorriso nos lábios quando apertei enviar e mandei a mensagem.

Epílogo

É MEIO-DIA E MEIA E EU ACABEI DE ATENDER O TERCEIRO paciente do dia; em breve os meninos chegam da escola e nós vamos almoçar. Atendo mais dois pacientes no período da tarde e depois vamos para a academia. Hoje os meninos vão dormir na casa de amiguinhos, e eu e o Ricardo teremos um *vale-night*.

Os três pacientes que atendi hoje pela manhã trabalham no mercado digital – atendo muitos influenciadores e produtores de conteúdo, e é muito frequente que eu acabe revisitando alguns cenários que, por tanto tempo, foram a minha realidade: busca por reconhecimento, dificuldade de descansar, fusão entre pessoa física e pessoa jurídica, medo do fracasso, da perda de seguidores, do *hate*, do cancelamento e do linchamento virtual. Todo esse universo, em maior ou menor grau, eu já experimentei – e sobrevivi a ele.

Às vezes custa acreditar que consegui sair dos buracos onde me enfiei durante os últimos oito anos. Revisito cenários do meu passado e é difícil acreditar que passei por tudo aquilo e, ainda assim, estou aqui. Tantas vezes eu achei que fosse enlouquecer. Tantas vezes acreditei que não daria conta. Tanta comparação, tanta inveja – tanta desconexão de mim mesma e de minha própria vida. Vivo me perguntando o que eu queria com tudo aquilo. Quais eram as chagas de autoestima que eu tentava compensar por meio do meu aparente sucesso? Para quem eu queria provar alguma coisa? Para os outros? Para mim mesma?

Não quero encerrar este livro com a mensagem de que as redes sociais são o anticristo, por mais que em alguns momentos elas se pareçam com ele. O problema não são as redes sociais. O problema é a falta de autoconsciência, nossa autoestima em frangalhos, o senso de inadequação que nos domina e a quantidade de vezes em que nossas conexões virtuais substituem pessoas de carne e osso em nossas vidas. Não precisamos nos curar das telas.

Precisamos nos curar da doença que acomete toda a nossa sociedade.

Nas eleições de 2022, eu já tinha me afastado do mercado digital e me posicionei politicamente em uma situação em que não cabia ficar em cima do muro. Perdi 25 mil seguidores em pouco mais de duas semanas. A perda massiva de seguidores derrubou os números da minha conta e minhas publicações passaram a atingir menos pessoas. Se tivesse acontecido alguns meses antes, não sei o que teria sido pior: me posicionar e perder 25 mil possíveis clientes ou deixar de me posicionar pelo medo da evasão de seguidores. Felizmente, não precisei vivenciar essa dúvida.

Há seis meses iniciei um processo de mentoria com um grande amigo, Camilo Bracarense, que trabalhou comigo durante seis anos. Ele foi a pessoa que se desligou da equipe no momento em que as sócias e ex-casal chegaram com sua estratégia mágica para fazer dinheiro brotar do chão no nosso negócio. Ele percebeu, antes de mim, que aquilo não era mais para ele e tem me ajudado a estabelecer um uso estratégico das redes sociais para levar o Portal

Despertar a um maior número de pessoas – mas sem ficar louca, sem ferir princípios éticos e sem fazer disso o centro da minha vida. Estamos planejando uma ação de vendas do FLOW, meu curso de inteligência emocional, de uma forma orgânica e honesta, sem aquela loucura toda que já vivemos um dia. Tem sido uma experiência incrível.

No último ano, voltei a sonhar com o futuro. Com as viagens que quero fazer com meus filhos, com a piscina que queremos construir no quintal, com o tempo de desfrute da vida que, ainda é difícil de acreditar, eu consegui criar para mim. Eu e Ricardo somos muito presentes na escola das crianças e fizemos da comunidade escolar nosso círculo de amizades e nossa rede de apoio.

Às vezes me sinto aquele personagem de um conto Zen, um professor universitário que procurou o mestre Nan-in para aprender sobre o Zen. Assim que teve a oportunidade, o professor iniciou um longo discurso intelectual sobre suas dúvidas.

Nan-in, enquanto isso, serviu o chá. Ele encheu completamente a xícara de seu visitante e continuou a enchê-la, derramando chá pela borda. O professor, vendo o excesso se derramando, não pôde mais se conter e resmungou: "Está muito cheio. Não cabe mais chá!".

"Como esta xícara", Nan-in disse, "você está cheio de suas próprias opiniões e especulações. Como posso eu lhe demonstrar o Zen sem você primeiro esvaziar sua xícara?".

Eu caminhei com a minha xícara cheia durante muito tempo, munida de todas as minhas certezas sobre o que era bom e ruim, sobre o que era certo e errado, sobre o que era bom e o que era mau para a minha vida. Em todos os momentos – todos os momentos! – a vida estava me conduzindo para viver exatamente o que vivo hoje.

Precisei desconstruir narrativas, desenvolver a humildade, reconhecer erros e me enxergar de maneira bastante honesta para entender quais eram as bolas de ferro que me impediam de seguir o curso que o rio da vida me oferecia. Não foi fácil admitir meus medos e olhar nos olhos do meu Ego.

Mas hoje percebo que cada pequeno momento da minha vida estava me conduzindo a um lugar melhor.

Não sou uma pessoa especial, diferente de qualquer outra dos oito bilhões de pessoas que habitam esse planetinha azul. A sua vida está te conduzindo também. Talvez você não consiga perceber por causa disso: sua xícara está cheia demais, suas certezas estão te cegando. Você pode achar que sabe o que vai ser bom para você, mas eu estou aqui para te alertar: nem sempre. Às vezes, aquilo que achamos que é bom para a gente só é bom porque nos distrai de nossos medos, dúvidas e anseios. Mas a vida está aí e está te conduzindo. A pergunta que quero te fazer agora é: o que você faria se não sentisse tanto medo?

Deixo você com essa reflexão – meus meninos chegaram, e é hora de almoçar. O dia está lindo lá fora e sopra um vento suave. Dante está cantando uma música, enquanto Ricardo mexe em alguma coisa no quintal. Gael se aproxima de mim e me faz um gesto que quer dizer que ele está com fome. Percebo que eu também estou.

A vida pulsa, por toda a parte, ao meu redor; ela pulsa ao seu redor também. Você vê?

Leia também

FLAVIA MELISSA
CRIADORA DO PORTAL DESPERTAR

Sua melhor versão

DESPERTE PARA UMA NOVA CONSCIÊNCIA

"Este livro é um estímulo para sua própria existência."
Monja Coen

academia

FLAVIA MELISSA

365 dias de gratidão

Mensagens inspiradoras para VIVER O AGORA

academia

FLAVIA MELISSA

365 reflexões para viver o agora

Mensagens inspiradoras para o DESPERTAR

academia

PARA SABER MAIS
SOBRE A AUTORA

**Acreditamos
nos livros**

Este livro foi composto em Archer e
impresso pela Lis Gráfica para a Editora
Planeta do Brasil em junho de 2024.